Conrad Alberti

Bettina von Arnim (1785-1859)

Ein Erinnerungsblatt zu ihrem 100. Geburtstage

Alberti, Conrad

Bettina von Arnim (1785-1859)
Ein Erinnerungsblatt zu ihrem 100. Geburtstage

ISBN: 978-3-86741-343-5

Auflage: 1
Erscheinungsjahr: 2010
Erscheinungsort: Bremen, Deutschland

Bei diesem Titel handelt es sich um den Nachdruck eines historischen, lange vergriffenen Buches aus dem Verlag Otto Wigand, Leipzig (1885). Da elektronische Druckvorlagen für diese Titel nicht existieren, musste auf alte Vorlagen zurückgegriffen werden. Hieraus zwangsläufig resultierende Qualitätsverluste bitten wir zu entschuldigen.

Bettina von Arnim (1785-1859)

Ein Erinnerungsblatt zu ihrem 100. Geburtstage

Bettina von Arnim.

(1785—1859.)

Ein Erinnerungsblatt zu ihrem hundertsten Geburtstage

von

Conrad Alberti.

Leipzig
Verlag von Otto Wigand.
1885.

Vorwort.

Die nachfolgende Studie soll eine Gelegenheitsschrift sein, nichts weiter. Neues will und kann sie dem Forscher, dem Fachmanne nicht bieten. Was noch von unveröffentlichtem Quellenmaterial über Bettina existirt, befindet sich in Privatbesitz, und die Herausgabe desselben ist theilweise schon angekündigt. Es wird ohne Zweifel noch manchen bisher unbekannten und werthvollen Einzelzug zur Vervollständigung des Charakterbildes dieser seltenen Frau herbeibringen. Im Großen und Ganzen aber stehen die Grundlinien des letzteren nunmehr wohl für alle Zeiten fest, und weder das Urtheil über ihre Persönlichkeit noch das über ihre literarische Bedeutung wird mehr einflußreiche Aenderungen erfahren. Darum schien es angezeigt, den 100. Geburtstag derselben nicht vorübergehen zu lassen, ohne ihrem Andenken einen kleinen Zoll pietätvoller Erinnerung zu weihen. Diese Schrift wendet sich an die Gebildeten, nicht an die Gelehrten. Der Verfasser glaubte sein Ziel am besten zu erreichen, indem er Alles in gedrängter Kürze zusammenfaßte, was bisher über Bettina festgestellt worden ist. Die Hauptquellen waren Bettina's Werke und Briefe selbst, sodann was Löper und H. Grimm über sie geschrieben. Varnhagen's Tagebücher und die sonstigen Veröffentlichungen aus seinem Nachlaß wurden mit Vorsicht benutzt. Die gedrängte Kürze der Darstellung rechtfertigt der Widerwille des heutigen Publikums gegen umfangreichere Schriften, sofern diese nicht rein belletristischen Inhalts sind. Möge das kleine Büchlein der Leserwelt eine angenehme Gabe sein, vor allem denen, deren Stolz und Zier die Geschilderte für immer bleibt, den deutschen Frauen.

Berlin, im März 1885.

D. B.

Quellen, Literatur 2c.

Goethe's Briefe an Sophie von La Roche und Bettina Brentano, herausgegeben von Löper, Berlin 1879.

Briefe von Stägemann, Metternich, Achim und Bettina von Arnim. Aus Varnhagen's Nachlaß. 1865.

Görres' Gesammelte Schriften. Band IX. Briefe. 1874.

F. H. Jacobi's Nachlaß, herausgegeben von Zöppritz. 1869.

Fürst Pückler's Briefwechsel. 1873.

Achim von Arnim, Landhausleben. Novellen.

Herrmann Grimm's Einleitung zur 3. Auflage des Briefwechsel mit einem Kinde. 1881. In der Allgemeinen deutschen Biographie ein musterhafter Aufsatz von Löper.

Varnhagen's Tagebücher, besonders die letzten Bände.

Arnold Schlönbach, Zwölf Frauenbilder aus der Goethe-Schillerepoche. 1856.

Z. Funck, Bettina. Aus ihren Briefen und Tagebüchern.

A. Stahr, Bettina's Königsbuch.

Grimm-Meusebach'scher Briefwechsel, ed. Wendeler.

u. a. m.

Wie der Name einer Verschollenen, die vor endlos langer Zeit eine gefahrvolle Reise in ein fernes Land antrat und nicht wieder heimgekehrt ist, klingt dem Ohre der jungen Generation heut' der Name Bettina von Arnim. Wer kennt sie noch, wer liest noch ihre Schriften? Kaum und nur mit Widerwillen, blos wie eine unangenehme Nothwendigkeit, der, welcher sich dem Fachstudium der Literaturgeschichte widmet. Und das Interesse für die Frau ist ebenso erloschen wie das für die Dichterin. Wer möchte glauben, daß erst 26 Jahre sich der Grabhügel über ihrer Asche wölbt? Freilich, welch' ein ereignißreiches, Welt und Menschen gründlich veränderndes Vierteljahrhundert ist das verflossene, welche Revolutionen hat es auf allen Gebieten des Lebens hervorgerufen! Andere Ansprüche stellt die Gesellschaft von heut' an die, welche hervorragende Stellungen in ihr einnehmen wollen, als jene der Vergangenheit, nüchtern und praktisch ist sie geworden, und auch vom Dichter verlangt sie mehr als farbiger Bilder glänzende Pracht, dämmerungsvolles Ahnen übersinnlicher Schönheit, selbstzufriedenes Schwelgen in holden Wallungen und Herbeicitiren frommer oder böser Geister der außerirdischen Welt. Sie will in Gedanken und Form gleichvollendete Darstellungen der Conflikte des modernen Lebens, Wahrheit geht ihr über Schönheit, Klarheit über ahnungsvolle Vieldeutigkeit, Schärfe über angenehme Weichheit. Die Muse der vormärzlichen Literatur war ein blondes, blauäugiges Kind, sinnig, hold und träumerisch, mit runden, zierlichen aber wenig charakteristischen Formen, die der heutigen hat graue, stechende Augen und ein scharfgeschnittenes Profil. Ist es darum berechtigt in einer für den Kreis der Allgemeinheit berechneten Schrift eine Gestalt wieder aufleben zu lassen, welche ihrer ganzen Art nach zu der längst über Bord geworfenen Klasse gehört? Fast möchte ein solches Unternehmen überflüssig und nutzlos scheinen. Und doch, wenn wir bedenken, was Bettina den größten Männern ihrer Zeit gewesen ist, wie einzig und eigenartig ihre persönliche Erscheinung in der Geschichte des deutschen Geisteslebens dasteht, so möchte ein solcher Versuch zum mindesten nicht von vornherein abzuweisen sein.

Deutsche Romantik! Wer unter uns empfindet bei diesen Worten noch etwas Anderes als unklare Vorstellungen davon, daß vor wenigen Menschenaltern das Geistesleben unseres ganzen großen Vaterlandes selbst sich in unklaren Vorstellungen bewegt habe? Jenes Wort scheint nicht mehr als träumerische, unmännliche Gefühlsseligkeit, den Mangel zielbewußten, ernsten Strebens zu bedeuten. Mondscheinschwärmerei, Geisterseherei, das Suchen nach der blauen Blume und nach der längst entschwundenen Märchenwelt! Von der Seligkeit, die unsere Vorfahren bei alldem empfunden, von den tausend Gedanken, die sie hineingeheimnißt, begreifen wir nichts mehr. Und doch drangen die Strahlen dieser Poesie bis in die fremden Länder, und die edelsten Männer und Frauen Frankreichs, Italiens, Englands konnten sich ihren magnetischen Wirkungen nicht entziehen. Künstler, Philosophen, Staatsmänner, Könige schworen zur Fahne der Romantik, und blieben ihr treu, bis sie mit ihr und durch sie scheiterten. In den Hörsaal wie in's Atelier, in den Salon wie in den Staatsrath drang sie ein und wußte sich immerhin geraume Zeit siegreich zu behaupten. Ihr eigentlichstes, für lange Zeit unbestrittenes Reich blieb freilich die Dichtkunst. Aber die letztere war auch damals nicht sowohl trotz als gerade wegen ihrer Phantastereien das, was die Poesie immerdar sein soll, ein getreues Abbild der Zeitverhältnisse, freilich nur ein indirektes. Denn indem die Dichtkunst sich in ferne Märchenregionen flüchtete, erkannte sie nur zu deutlich den Jammer ihrer Mitzeit und aller Verhältnisse, der politischen wie der sozialen, der geistigen wie der materiellen, das gänzlich Unpoetische, ja Poesiewidrige derselben an.

So war die Romantik und ihre Ausbreitung in dieser Hinsicht eine geistige Bankerotterklärung ihrer Zeit, ein Pessimismus in anderer Form, so gut wie jeder falsche über das Wirkliche und Gegenwärtige hinausgehende Idealismus eigentlich ein Pessimismus ist. Damit ist durchaus nicht der Stab über das historische Drama, das historische Gemälde u. s. w. gebrochen, aber diese haben nur Berechtigung, wenn sie nicht vorzugsweise um ihres historischen, sondern um ihres allgemein menschlichen Gehalts willen interessiren. Eine Geistesrichtung, die nicht im vollen Leben ihrer Zeit sondern im Widerspruch zu derselben steht, kann wohl eine Zeit lang die Welt täuschen und blenden, aber auf die Dauer dieselbe nicht an sich ketten, der göttliche Geist, der die Entwicklung der Menschheit regelt, schreitet immer fort, immer nur vorwärts, und der Geist einer kleinen Anzahl von Menschen kann ihm nicht lange widerstreben: jener reißt ihn mit sich oder entwurzelt und zertrümmert ihn, wie der Sturm die Eiche, die sich nicht vor ihm beugen will. So sind sie denn alle, die Romantiker, die großen, vielbewunderten Dichter ihrer Zeit — unter denen leider viele wirklich bedeutende, wahrhaft poetische Genies waren — die E. T. A. Hoffmann, Tieck, Brentano, Müllner mit Recht vergessen, weil sie dem vorwärtsschreitenden Weltgeist sich entgegen zu stellen suchten. „Versunken und vergessen“, der Fluch kann sich auch wohl gegen den Sänger kehren, wenn er mit dem ihm verliehenen Pfunde nicht richtig zu wuchern weiß. Aber der Weltgeist, oder sagen wir die Natur zeigt sich nicht blos unbarmherzig, wie Darwin gelehrt, in der genetischen Entwicklung der Menschheit, indem sie rücksichtslos ohne Unterschied vernichtet, was sich der Fortentwicklung nicht vollkommen anpassen will oder kann, sondern auch in der geistigen. Auch hier rottet der Weltgeist die Gattungen wie die Individuen aus, welche ihm zu folgen nicht stark genug sind, selbst wenn sie den guten Willen haben und den Ansatz dazu unternehmen. So läßt er auch eine Bettina allmählich zum literarischen Petrefact werden. Denn diese modernste der Romantiker erkannte in den letzten Decennien ihres Lebens wohl, welchem Irrlicht ihre Schule bis dahin gefolgt war und bemühte sich wenigstens ihrerseits noch zu rechter Zeit aus dem Morast auf die rechte Straße zu gelangen und mit ihrem Königsbuch sich den Dichtern der neuen Zeit, den Laube, Gutzkow u. s. w. anzuschließen, welche auf jener Straße dahinwallten, allein sie war damals schon alt und ihre Kräfte reichten nicht mehr aus sie bis zum Ziele zu bringen, so daß sie unterwegs, den rechten Weg im Angesicht, verschied. Uns aber bleibt sie um dieser von Selbst- und Welterkenntniß zeugenden Wandlung, um ihrer bedeutenden und starken Begabung und ihres eisernen Willens wegen interessant und anziehend.

Aber nicht ihre literarische und literargeschichtliche Bedeutung allein ist's, was die Herausgabe einer Schrift über sie rechtfertigt. Was uns einen Menschen nahe bringt, ist nicht das, was er den Göttern und Musen, sondern was er sich und seinen Nebenmenschen gewesen. Von den letzteren geliebt worden zu sein, gilt mehr als die Gunst der ersteren genossen zu haben, und wir wollen lieber die Lippen Desjenigen küssen, der Tausend unserer Brüder vor uns geküßt, als deß, dem sie allein der Genius berührt. So wird uns rein menschlich Bettinen's zarte, vielgeliebte Sylphengestalt näher stehen, als der als Poet größere, aber vergrämte, unmittheilsame Grillparzer, und so ist uns Byron immer von neuem ein Gegenstand, mit dem wir uns gern beschäftigen, weil er einen wunderbaren Don Juan geschrieben und ein noch wunderbarerer gewesen. Was aber war Byron! Wer war größer in beiden Rücksichten als Goethe? Kein geistreicher Mann, keine schöne und anziehende Frau zu seiner Zeit und in seiner Nähe, die nicht so gern an seinen Lippen wie an seinen Werken gehangen! Wer nur die Mittel irgendwie aufzubringen imstande war, kaufte seine Werke und reiste nach Weimar, um nur ein Wort mit ihm zu wechseln, nur einmal ihm gegenüberzustehen! Der Zauber seiner Persönlichkeit war ein magnetischer. Schiller's und Lessing's Werke werden so lange leben als die Goethe's, ewig, die Persönlichkeiten jener beiden aber werden schon den nächsten Generationen nicht mehr so ganz unaustilgbar vor Augen haften und allgemach in der Vorstellung der großen Welt verblassen, während auch die Persönlichkeit Goethe's selbst dem Geringsten bis in ferne Aeonen klar vor Augen stehen wird. Und so lange man den Namen des Meisters nennen und derer, die er durch seine persönliche Neigung beglückte, gedenken wird, kann auch Bettina nicht vergessen werden. Denn wir wissen nunmehr ganz unanzweifelbar aus Löpers Veröffentlichungen, daß sie dem Dichterfürsten wirklich nahegestanden hat und ihm unendlich theuer war. Lange, ernsthafte Forschungen unserer Gelehrten hat es freilich genug gekostet dies festzustellen und ihr Andenken vor den Beschimpfungen so mancher Uebelunterrichter zu rechtfertigen, die in ihr nichts als eine eitle, leichtfertige Fälscherin sehen wollten. Bettina hatte ein Recht, von Goethe's Neigung zu ihr der Welt zu erzählen, und wen Goethe's Lippen einmal berührt, der ist der Unsterblichkeit im deutschen Vaterlande sicher.

Aber nicht er allein hatte sie in sein Herz geschlossen, alle bedeutenden Männer ihrer Zeit huldigten ihr, der eine in mehr, der andere in minder starkem Maße, jeder indessen meinte es aufrichtig mit seiner Neigung. Beethoven, beide Humboldt, Fürst Pückler, die Brüder Grimm, Schleiermacher, Schinkel u. v. a. die wir später erwähnen, waren ihr zugethan. Ich will das Wort „Liebe“ nicht leichtfertig niederschreiben, bei den meisten derer, mit denen sie umging, mag von dem, was man so gemeinhin darunter versteht, nicht die Rede gewesen sein, aber geschätzt, geehrt, auf den Händen getragen haben sie alle. Sie hatte das seltene Glück, von sich sagen zu dürfen, daß sie keine persönlichen Feinde besäße, eine Behauptung, die gar Vielen mit Unrecht nachgerufen wird. Bei ihr jedoch traf sie zu. Und alle jene Männer verdanken ihr in nicht geringem Maße Anregung, Aneiferung, selbst Förderung und Hilfe.

Die Hauptstadt des Reiches hat vollends die größte Veranlassung, stolz auf eine solche einstige Bürgerin zu sein. In dem kleinen Berlin der früheren Zeit war der geistige Verkehr auf wenige Cirkel oder Häuser beschränkt, von denen immer eines den Hauptversammlungsort der Geistesgemeinde bildete. In den zwanziger Jahren nahm diese Stelle das Varnhagen'sche Haus ein, in dem Rahel feinsinnig und liebenswürdig mit dem bewunderswerthesten Tact waltete. Eine vornehme geistige Atmosphäre herrschte in demselben. Die Hausfrau war bemüht, jeden Einzelnen nach der ihm zukommenden, ihn am meisten fesselnden Art zu behandeln, jedem geistvollen Gespräche aufmerksam zu lauschen und da durch einen freundlichen Wink der Augen, dort durch eine wohlerwogene Bemerkung anregend weiter zu wirken.

Solch ein Kreis mit solch einem Mittelpunkte war wie geschaffen für jene Zeit der Abstractionen, der Theorien, des rein idealen Denkens und der platonischen Bewunderung des Heros von Weimar — jene Zeit, in der das größte Unglück, das den Staat bedrohte, eine Choleraepidemie war. Solch' eine Epidemie riß mit dem Beginn der dreißiger Jahre auch den Mittelpunkt jenes Kreises hinweg und führte dadurch die Auflösung des letzteren herbei. Jedoch vielleicht war jenes nicht so sehr zu bedauern, denn Rahels Rolle war ausgespielt, ihr Zweck erfüllt, als sie starb. Andere Zeiten zogen herauf kurz nachdem sie gestorben, die politische Bewegung in Deutschland begann, der große Freiheitsgedanke erwachte. Natürlich mußte Berlin wieder einen engeren Kreis haben, in dem er gehegt und gepflegt wurde, und es war ein Glück für ihn und für Rahel, daß diese nicht mehr der Mittelpunkt desselben sein konnte. Der Wind, der sich zu erheben begann, hätte, später zum Sturme entfacht, dem feinen, zarten Geschöpf den Athem benommen, es in freier Luft erstickt. Eine andere, energischere, gewaltsamere, agitatorische Frauengestalt mußte in die Mitte der großen Männer ihrer Zeit treten, so verlangte es die Natur, und diese Gestalt ist Bettina. Das Vermächtniß, welches Rahel ihrer langjährigen Freundin hinterlassen, übernahm diese und führte eine Aufgabe durch, der ihre Vorgängerin so wenig gewachsen gewesen wäre, als sie selbst vermocht hätte, die Aufgabe der letzteren ihrerzeit durchzuführen. Es waren theilweise dieselben Männer, die in den Salons beider Frauen verkehrten, aber diese Männer waren selbst allmählich im Laufe der Jahre andere geworden. Es ist daher ein müssiges Beginnen, die Frage beantworten zu wollen, wer bedeutender gewesen, Rahel oder Bettina, so anregend ein Vergleich zwischen beiden auch immer ist: beide hatten ihre bestimmten, vom Weltgeist genau vorgezeichneten Pflichten, die keine für die andere hätte erfüllen können, und jede hat die ihren so trefflich erfüllt, als es menschliche Unvollkommenheit nur zuläßt, und so gereichen beide ihrem Geschlecht und dem Orte ihrer Wirksamkeit zu höchster Ehre und zu größtem Gewinn.

Was Bettina sonst als Frau gewesen, welche Toleranz, welche Wohlthätigkeit, welch furchtloser, stets nach dem Rechten strebender Sinn sie erfüllt, soll weiter unten des Eingehenderen ausgeführt werden. Wenn Plato eine ähnliche Frau gekannt hätte, er würde sie die verkörperte Idee des Weibes genannt haben. Die hauptsächlichsten Vorzüge wie Fehler, die ihrem Geschlecht eigenthümlich sind, finden sich in ihr vereinigt, an ihr kann man die weibliche Natur wie an einem Modell studiren. Alle Extreme berührten sich in ihr. Ein großes Herz voll warmer Liebe schlug in ihrer Brust und sie gab dieselbe willig Jedem, der darnach verlangte, aber doch war sie von kleinlichen Eifersüchteleien nicht frei; sie war mild und tolerant und kannte keine Unterschiede der Geburt und der Religion, ließ sich aber doch durch Titel und Rang Fremder imponiren und brüstete sich gern mit deren Umgang; sie war wohlthätig um der Unglücklichen willen und liebte aus tiefstem Herzen und vollster Seele, war aber zugleich eitel genug, sich mit ihren Wohlthaten und Liebschaften öfter als bisweilen nöthig war in die Oeffentlichkeit zu drängen; nie war ihr wohler, als wenn sie einen Gegenstand der Verehrung besaß, widersprach aber fortwährend, ja ließ oft nicht gelten, was sie selbst behauptet, wenn der Andere beistimmte; sie hatte die größte Scheu vor Recht und Gesetz, übertrat es aber häufig, selbst wenn sie Andere auf ihre Schuld aufmerksam machten; sie war stets wahr, log nie, und sprach doch bisweilen die Unwahrheit, weil sie ihre Wünsche für Thatsachen, ihre Phantasien für Wahrheit nahm. So waren Bettina's große Vorzüge und kleine Schwächen, und weil sie die ersten nicht ohne die letzten besessen, steht sie uns Allen menschlich so nahe.

Chamisso's herrliches Gedicht von den drei Sonnen, welche das Leben eines Mannes mit Wärme und Licht erfüllen, ist im Leben Goethe's Wahrheit. Die Frauen dreier Generationen einer Familie, Mutter, Tochter und Enkelin, haben zu ihm in den engsten Beziehungen gestanden. Die Mutter ist Sophie Laroche, die Tochter Maximiliane Brentano, die Enkelin Bettina. Sophie, den 6. Dezember 1730 zu Kaufbeuren als Tochter des Arztes Gutermann geboren, hatte eine trübe Jugend. Die Grausamkeit eines harten Vaters in Verbindung mit dem Mangel an eigner Lebenserfahrung und Energie ließen jedes ihrer Liebesverhältnisse unglücklich enden. Die Lösung ihres Brautstandes mit einem Italiener hatte sie überwunden, als sie jenes berühmte Verhältniß mit Wieland anknüpfte, allein daß auch dies letztere ein so unerwartetes Ende nahm, hat sie trotz aller späteren platonischen Freundschaft für ihn nie völlig verschmerzt, es gab ihrem ganzen Leben den elegischen Grundton, der bei ihr allenthalben durchzitterte.

Des Vaters Gewaltspruch vermählte sie 1754 einem ungeliebten Manne, dem kurmainzischen Hofrath von Laroche. Fügsam und den Nacken dem Unabänderlichen beugend, ward sie ihm eine treue, gute Gattin, und als er 1780 in Ungnade bei seinem Herrn fiel, war sie es, die ihn und seine Familie geistig aufrecht erhielt. Aber rauh und mitleidslos in der Schule des Lebens geworden, rächte sie ihre verlorene Jugend an ihren Kindern, sie wurde eine Haustyrannin und vermählte jene nach ihrem Gutdünken, ohne auf die Neigungen derselben Rücksicht zu nehmen. Ihre Tochter Luise mußte den Hofrath Möhn heirathen, den die Rath Goethe ein Scheusal nannte und von dem Bettina die schrecklichsten Dinge erzählt, und Maximiliane ward gleichfalls gezwungen, ihre Hand einem Peter Brentano zu reichen, sie, die einen Goethe geliebt hatte.

1772, nach seiner Wetzlarer Epoche, war Goethe in Beziehungen zum Hause Laroche getreten. Die eigenartige, poetische Begabung der Mutter, in deren Hause sich ein Kreis geistvoller Männer versammelte, zog ihn ebenso an, als die Schönheit der schwarzäugigen Tochter Maximiliane, kurzweg „die Max“ genannt. Wir besitzen nunmehr die Briefe, welche Goethe in den folgenden Jahren an Sophie gerichtet, und in allen klingt die freundlichste Theilnahme für sie und die begeisterte Zuneigung zur Max wieder. Aber Goethe war in der Liebe kein Held der Beständigkeit, und das Schicksal und Sophie hatten anders über das schöne Mädchen beschlossen. Das Verhältniß wurde gelöst, und der Dichter brach die Beziehungen zu jener Familie ab, aber die freundliche Erinnerung an all das Liebe, was er in ihrem Schooß genossen, konnte aus seiner Seele nicht weichen. Das zeigte sich beim späteren Wiedersehen (1797). Ein so unbeständiger Liebhaber Goethe war, ein so treuer Freund war er stets. Und Maximiliane zog nach Frankfurt am Main, der Geburtsstadt des Dichters, wo dessen allverehrte Mutter lebte, als die zweite Gattin des Kaufmanns Peter Anton Brentano. Die Ehe war, wie wir aus den Mittheilungen der Frau Rath wissen, keine glückliche, die Gatten verstanden einander gar nicht. Eine Schaar von 13 Kindern umblühte sie, aber die Erfahrung, daß Kinder unverträgliche Eltern zu erziehen, zu vereinigen vermögen, traf nur in sehr beschränktem Maße zu. So ist's denn kein Wunder, daß die Nachkommen Maximilianen's, einer festen, straffen, zielbewußten Anleitung zum Leben entbehrend, zerfahrene, ruhelose Gesellen wurden; sie hatten zwar das poetische Talent der Großmutter, das reiche Seelenleben der Mutter geerbt, den festen Willen aber konnte ihnen Niemand geben. Dies gilt namentlich von den Brüdern Clemens (geb. 8. Sept. 1778) und Christian (geb. 24. Jan. 1784). Bei Anna Elisabeth — so lautet Bettina's wirklicher Taufname — dem drittjüngsten Kinde, konnte vollends von häuslicher Erziehung nicht die Rede sein, denn sie hatte das Unglück, im zartesten Alter die Mutter zu verlieren. Den 4. April 1785 geboren, war sie beim Tode der Mutter fünf Jahr alt. Der Vater verstand sich wenig darauf, seinen Kindern vernünftige Anleitungen zu geben, hat er doch späterhin durch den willkürlichen Berufszwang, den er seinen Söhnen auflegte, sich selbst und diesen viel Leid bereitet. Jetzt kamen die jüngeren Geschwister in Pension, Clemens zum Hofrath Möhn, Elisabeth in ein Kloster zu Fritzlar an der Eder, in der Nähe von Kassel. Aber selbst die beste Klostererziehung kann nie die des Hauses ersetzen. Ihren mannigfachen Anlagen gemäß, die sich schon früh zeigten, lernte Elisabeth mancherlei. Alles griff sie leicht auf und bildete sich darin zu einer gewissen Fertigkeit aus, allein zur Meisterschaft, zur Vollendung brachte sie es damals noch in keinem Punkte. Sie hatte viel musikalisches Talent und erhielt Unterweisung in der Musik, namentlich auf dem Modeinstrument ihrer Zeit, der Guitarre. Feine Handarbeiten wurden ihr gleichfalls gelehrt und auch in diesen brachte sie es weit. Sie zeigte malerische Anlagen, sie modellirte, kurz, sie bildete sich in Allem fort, ohne ein Einziges gründlich und methodisch zu lernen. Sie las viel, besonders Geschichtswerke, doch ohne rechte Auswahl. Viel Talent und Mangel an Schulung, darum Fehlen der Selbstkritik und der künstlerischen Beschränkung sind Eigenschaften, die ihr von da ab für's ganze Leben blieben. Sprachkenntnisse außer dem unumgänglichen Französisch zu erwerben schien zu jenen Zeiten für ein junges Mädchen überflüssig, mit großer Mühe hat sie in späteren Jahren sich aneignen müssen, was in der Jugend versäumt wurde.

1801 kehrte sie nach Frankfurt zurück und trat in lebhaften, freundschaftlichen Verkehr zur Rath Goethe, welcher ungetrübt bis zum Tode der letzteren währte (1808). Frau Aja wurde ihr eine Lehrerin, eine zweite Mutter. Niemand hat fürderhin so auf sie eingewirkt, als diese Frau, und was von Fähigkeiten sie nicht ererbt hat, verdankt sie ihr. Die Grundzüge ihres Charakters standen freilich schon fest, als sie wieder nach Frankfurt kam: es waren die allen Brentano's gemeinsamen. Klug und verwegen, keck überschäumend und schier kindlich, aufbrausend und gutmüthig, lässig und ausdauernd, phantastisch und einfach bescheiden, jedes Erlebniß zum Bilde gestaltend aber die feste Form verschmähend, diese widersprechenden Eigenschaften vereinigten sich so gut in ihr wie in ihren Brüdern. Vor Allem aber zeichnete sie die Liebe zur Natur, das Versenken in die Geheimnisse ihres Webens und Schaffens aus. Schon in ihrer Klosterzeit war es ihr größtes Vergnügen, stundenlang allein in Wald und Haide, über Thäler und Berge dahinzustreifen. Freilich, nicht das Große, Erhabene, Gewaltige in der Natur zog sie an, sondern mehr das Kleinleben derselben, das Kribbeln und Treiben in einem Ameisenhaufen, das Säuseln des milden Windes im Walde weit mehr als ein Gewitter in den Bergen. So war sie, als sie in die bildenden Hände der Frau Rath gelangte, welche sich nun daran machte, der Welt, der sie einen Wolfgang geschenkt und erzogen, nun auch eine Bettina zurecht zu stutzen. Denn wiewohl das Kronstetten'sche Stift der Aufenthalt der Kleinen war, hielt sie sich doch mehr im Goethe'schen Hause als daselbst auf. Nun ist allerdings der Einfluß der Frau Rath, dem wir die Bettina wie sie war verdanken, nicht völlig unbedingt zu loben. „Die Frohnatur, die Lust zum Fabuliren“, die die Matrone im Kinde wieder fand und die sie so verwandt berührte, als wäre dieses Fleisch von ihrem Fleisch, bildete sie fort, aber ein wenig einseitig, ohne die ernste, tiefer klingende Saite des Lebens oft genug anzuschlagen. Denn die Frau Rath, welche in den späteren Schriften B.'s erscheint, ist die wirkliche nicht völlig, jener hat die Dichterin viel von sich selbst geliehen, Frau Aja selbst hat schwerlich so viel über Religion und Politik mit Bettina „geschwätzt“, als im „Königsbuche“ zu lesen steht. Den Hauptgegenstand des Gespräches der Beiden bildete natürlich tagtäglich der große, herrliche Sohn der Räthin, der in Weimar auf seiner olympischen Höhe throntе.

Von früh bis Abend mußte Frau Rath von ihm erzählen, von seiner Kindheit, seiner Jugend, und auch das kleinste Ereigniß ward hier bedeutend. So wurde Bettina — nennen wir sie immerhin bei dem Namen, den sie sich selbst geschaffen — zum Goethekult geboren und erzogen. Die Familientraditionen von der Großmutter und Mutter her, die beide in den Erinnerungen an Goethe das Juwel ihres Lebens sahen, mußten sich in der Enkelin forterben, leben ja doch die Familienideen in den weiblichen Nachkommen stets am stärksten fort. Goethe's Werke, die ihr bis dahin verboten waren, bildeten ihre Lektüre Tag und Nacht. Die höchsten Freuden des Mädchens wurzelten in der Hoffnung auf Goethe, ihre höchste Seligkeit war, sich ihr erstes dereinstiges Zusammentreffen mit ihm auszumalen, ihr liebster Spaziergang galt den Plätzen und Straßen, die er betreten, die er eingeweiht. Wenn sie auch gewollt hätte, sie hätte die Liebe zu ihm nicht aus ihrem Herzen reißen können, sie mußte ihm anhängen, wie sie denken, fühlen, athmen, sprechen mußte, kraft der Nothwendigkeit der Natur. Neben ihm mußte alles Andere ihr klein erscheinen, sie mußte an ihn glauben, sie mußte sich eins mit ihm fühlen, sie, die überzeugte Anhängerin der Naturreligion, die geschworene Feindin des Pietismus, mußte eine Goethepietistin werden und darnach streben, ihn in sich aufzunehmen und in ihm aufzugehen.

Außer dem Umgang mit Frau Rath bot ihr Frankfurt nicht eben allzuviel. Häufig verkehrte sie im Bethmann'schen Hause, und ein Sohn desselben, Moritz, ward ihre erste Kinderliebe und späterer Freund für's Leben. Schon früh zeigte sich jene echte, wahre Toleranz bei ihr, für welche die Unterschiede der Confessionen nicht vorhanden sind. Eine Jüdin, die Goldstickerin Veilchen, war ihr später in Offenbach ein lieber Umgang, ebenso wie bald darauf in Marburg ein kluger Israelit mit Namen Ephraim. Wie sehr unterschied sie sich in dieser Hinsicht von ihren Brüdern, welche dem Katholicismus, aber nicht dem milden, hoheitsvollen eines Sailer, sondern einem intoleranten, fanatischen huldigten, so daß sie sich späterhin dieses Punktes wegen sogar mit Clemens völlig überwarf. Nicht gering war fernerhin der Einfluß der Politik auf ihr Leben. Im Jahre 1806 hörte Frankfurt durch einen Gewaltstreich Napoleons auf, eine freie Republik zu sein, und erhielt eine monarchische Verfassung mit einem Fürst-Primas an der Spitze. Das konnte seinen Eindruck auf ihr jugendliches Gemüth nicht verfehlen. Wie sie über Napoleon dachte, soll noch weiter unten erwähnt werden. Beim Fürsten-Primas aber verkehrte sie viel und gern und empfing auch da manche Anregung. Wissenschaftlichen Unterricht erhielt sie von Privatlehrern, namentlich von Haberlein und Arenswald. Aber was war das für eine Art Unterricht! Von methodischen Studien war wenig die Rede. Bald ward dies, bald jenes Thema behandelt, aber nie vollständig, nie erschöpfend, nur gleichsam wie im Fluge gestreift. Sie beherrschte ihre Lehrer, sie spottete jeder Autorität. Das sollte sich später an ihr rächen. Denn ein methodisches Lernen schafft nicht blos positive Kenntnisse, es schult auch das Denken: die Grammatik ist nichts anderes als angewandte Logik. Die Fehler in Bettina's späteren Schriften, das Hin- und Herspringen ihrer Gedanken und ihres Stils, das Zusammenwürfeln und Ineinanderschachteln aller möglichen gar nicht zusammengehörigen Ideen ist ein charakteristisches Kennzeichen der meisten schreibenden Frauen, denen methodisch erworbene Kenntnisse in der Regel fehlen, und ganz besonders ist es bei Bettina zu finden, so daß ihre Werke trotz aller Schönheiten und Eigenarten bisweilen ungenießbar werden. Allein ihre musikalischen und malerischen Uebungen pflegte sie, die ersteren unter Hoffmanns Leitung, mit Ernst.

Nur einen Theil des Jahres brachte Bettina in Frankfurt zu. Den andern verlebte sie auf häufigen Reisen. Dieser Wechsel der landschaftlichen Umgebung und des persönlichen Verkehrs war ganz dazu angethan, ihre Liebe zur Natur und ihre gesellschaftlichen Formen auszubilden. Unaufhörlich mit geistreichen, redegewandten Menschen zusammen, erhielt sie frühzeitig eine vollkommene Herrschaft über das Wort und die Sprache und die Kenntniß der Mittel, die menschliche Rede eindringlich und wirksam zu gestalten. Ihre ältere Schwester Kunigunde war die Gattin des großen Rechtslehrers Savigny — auch ein Frankfurter Kind (geb. 21. Febr. 1779) — der von 1800 ab in Marburg, seit 1808 in Landshut docirte. Mit seiner Familie verband sie die engste verwandtschaftliche Zuneigung, welche häufige Besuche an den Orten seiner Lehrthätigkeit veranlaßte. Auch außer dem Hause legte sie sich nicht den geringsten Zwang auf, sondern gab sich immer natürlich und wahr, sich Niemandem aufdrängend, stellte sie Jedem, dem ihre Individualität nicht gefiel, frei, den Verkehr mit ihr abzubrechen, wie dies öfters geschah, ohne daß sie ihm darum gezürnt hätte. Sie hatte in ihrer ganzen Art etwas Knabenhaftes. In Marburg wurde noch lange nach ihrem Tode ein Thurm gezeigt, den sie einstmals erklettert und dann die Leiter nachgezogen hatte, um allein zu sein. Solche Streiche verübte sie häufig, ohne Rücksicht auf die Meinung der Welt, auch noch als sie älter geworden. In aller Harmlosigkeit verkehrte sie später in Berlin eng mit den Studenten, ließ sich von ihnen Fackelzüge bringen und durchstreifte nächtlich mit einigen von ihnen den Thiergarten, ohne begreifen zu können, wie man an dergleichen Anstoß zu nehmen vermöge.

Oft und mit Vorliebe hielt sie sich bei ihrer Großmutter Sophie Laroche auf, die seit 1780 in Offenbach lebte. Wie später George Sand hatte die Noth, die Sorge für die Familie diese gezwungen, Schriftstellerin zu werden. Glänzend und geistvoll war die Gesellschaft, mit welcher Bettina in ihrem Hause in Verbindung trat. Die amazonenhafte Degachet, das Urbild der „Natürlichen Tochter“ Goethe's, Herder, Bonstetten, Friederike Brun, die Staël, die Krüdener lernte sie daselbst kennen. Die französischen Ideen, welche die Welt erfüllten, empfing sie hier in ihrer ganzen, unverfälschten Reinheit, der Same der Humanität, der werkthätigen Menschenliebe, welche einen ihrer schönsten Charakterzüge bildet, ward hier in ihr zum Wachsen und Blühen gebracht, und der Haß gegen den Tyrannen Napoleon, den Mörder d'Enghiens, schlug in ihr noch mehr unausrottbare Wurzeln. Was das Kloster ihr vielleicht von orthodoxen Ideen eingepflanzt hatte, wurde hier wieder aus ihrer Seele gejätet und durch die mildeste Duldsamkeit ersetzt. Sie konnte nicht umhin diesen Aufgeklärten den milden Sailer, den sie in Landshut kennen gelernt, zu vergleichen und zu erkennen, daß ein gemeinsames Band die Besten in allen Religionen umschlingt. Aus ihren Briefen an Goethe und ihren sonstigen Schriften wissen wir, wie sehr sie sich auch für die Emancipation der Juden interessirte und in den Cardinalfehlern derselben hauptsächlich die Eindrücke jahrhundertelangen Leidens erkannte, die der erste frische Windhauch nicht sogleich wegwehen könne, wir wissen, daß sie sich deswegen späterhin nicht selten mit ihrem

Gatten, der ganz auf dem abweichenden Standpunkt Fichte's stand, überwarf.

Wie wenig sie von Natur zur Orthodoxie — d. h. zu dem, was man im landläufigen Sinne so damit bezeichnet — geschaffen war, wie sie sich selbst nicht durch den Umgang mit Strenggläubigen, ja mit Schwärmern von ihrer einmal eingepflanzten Vormeinung abbringen liess, beweist ihr Umgang mit der Günderode. Sie hing mit schwärmerischer Liebe an dieser unter dem Namen Tian schreibenden Dichterin, aber trotz aller Freundschaft, trotz aller Verehrung, die Caroline in reichem Maße verdiente und erwiderte, liess sie sich in ihren Anschauungen nicht wankend machen. Für einen ihrer Brüder wäre das Ende der Freundin, die sich halb aus verschmähter Liebe, halb in religiöser Verzückung in den Main stürzte, sicherlich ein Beweggrund zur Umkehr im Glauben geworden, sie betrauerte die Freundin, setzte ihr späterhin ein ehrendes Denkmal, ging aber ruhig ihre eignen Wege fort. —

Im Jahre 1807 endlich erfüllte sich die Sehnsucht ihres Lebens: sie lernte Goethe kennen. Nach seiner Heimkehr von der Carlsbader Cur erschien sie im Juni mit ihrer Schwester Meline in Weimar. Ein authentischer Bericht über ihr erstes Zusammentreffen mit dem Theuern, den sie bisher nur aus dem Bilde geliebt hatte, liegt nicht vor, wir haben aber keinen Grund, die Darstellung die sie im „Briefwechsel mit einem Kinde" *) giebt, in den Hauptpunkten zu bezweifeln. Die Schilderung, die sie giebt, ist so schön, so poetisch, daß wir sie hier einfügen wollen: „Mit diesem Billet (von Wieland) ging ich hin, das Haus liegt dem Brunnen gegenüber; wie rauschte mir das Wasser so betäubend, — ich kam die einfache Treppe hinauf, in der Mauer stehen Statuen von Gips, sie gebieten Stille. Zum wenigsten ich könnte nicht laut reden auf diesem heiligen Hausflur. Alles ist freundlich und doch feierlich. In den Zimmern ist die höchste Einfachheit zu Hause, ach so einladend! Fürchte dich nicht: sagten mir die bescheidenen Wände, er wird kommen und wird sein, und nicht mehr sein wollen als du — und da ging die Thür auf und da stand er feierlich ernst, und sah mich unverwandten Blickes an; ich streckte die Hände nach ihm, glaub ich, — bald wußte ich nichts mehr, Goethe fing mich rasch auf an sein Herz. „Armes Kind, hab' ich sie erschreckt", das waren die ersten Worte, mit denen seine Stimme in mein Herz drang; er führte mich in sein Zimmer und setzte mich auf den Sopha gegen sich über. Da waren wir beide stumm, endlich unterbrach er das Schweigen: „Sie haben wohl in der Zeitung gelesen daß wir großen Verlust vor wenig Tagen erlitten haben durch den Tod der Herzogin Amalie". Ach! sagt ich, ich

*) Dritte Auflage, S. 12 u. 13.

lese die Zeitung nicht. — „So! — ich habe geglaubt, Alles interessire Sie, was in Weimar vorgeht“. — Nein, nichts interessirt mich als nur Sie, und da bin ich viel zu ungeduldig, in der Zeitung zu blättern. — „Sie sind ein freundliches Kind“. — Lange Pause — ich auf das fatale Sopha gebannt, so ängstlich. Sie weiß*) daß es mir unmöglich ist, so wohlerzogen da zu sitzen. — Ach Mutter! Kann man sich selbst so überspringen? — Ich sagte plötzlich: hier auf dem Sopha kann ich nicht bleiben, und sprang auf. — „Nun! sagte er, machen Sie sich's bequem“; nun flog ich ihm an den Hals, er zog mich aufs Knie und schloß mich ans Herz. — Still, ganz still wars, alles verging. Ich hatte so lang nicht geschlafen; Jahre waren vergangen in Sehnsucht nach ihm; — ich schlief an seiner Brust ein; und da ich aufgewacht war, begann ein neues Leben. Und mehr will ich Ihr diesmal nicht schreiben. Bettina.“ Wie einfach ist das berichtet, wie natürlich klingt das Alles, wie den Glauben an seine Wahrheit erweckend. Jenes Einschlafen in Goethe's Arme, über das man früher so gespottet, wie echt kindlich ist es! Und sie war damals noch ein Kind, obwohl 22 Jahre alt, dem Aeußeren wie dem Geiste nach, ja sie bewahrte sich ihr ganzes Leben lang

---

*) Der Brief ist an Frau Rath gerichtet, die Anrede in der 3. Pers. der Einzahl, wie ehemals üblich.

trotz aller Prüfungen und Wandlungen ganz heimlich in einer Ecke ihres Herzens ein lebendiges Stück Kindlichkeit, das in unbewachten Augenblicken dem strengen Gefängniß entschlüpfte und dann in launigen Sprüngen mit ihr durchging — etwas, das der klugen, bedächtigen Rahel nie begegnen konnte; diese war ganz Geist, wie Bettina ganz Herz war. Wie der Wanderer nach langem, beschwerlichen Marsche in der Stadt seines Verlangens angekommen, sich zunächst, bevor er an die Besichtigung ihrer Merkwürdigkeiten geht, ein wenig zur Ruhe legt, um frische Kräfte für den vollen Genuß all des Schönen zu sammeln, das sie ihm bietet, so ruhte auch Bettina im Arm Goethe's. Ueberdies war ihr dies Ruhen am Busen von ihr verehrter Männer der Ausdruck innerer Befriedigung; Varnhagen erzählt, daß sich einst zwischen Gneisenau und ihr Aehnliches zugetragen habe. Wenn sie von nun an mit heißester Inbrunst an Goethe zu hängen erklärte, wenn sie ihm Briefe voll Leidenschaft schrieb, so darf heutzutage Niemand mehr an eine künstlich genährte Flamme denken. Wohl hat es eitle Frauen genug gegeben, die Goethe ihre Huldigungen aufdrangen, um der Welt später nach seinem Tode weis zu machen, daß Goethe in sie verliebt gewesen. Solch eitle Geschöpfe — wiewohl jede Frau gern mit der Liebe eines „interessanten“ Mannes prunkt — verdienen den herbsten Spott, gerade wie Turgeniew über jene

Dutzende von Frauen gespottet hat, welche alle von sich behaupteten, daß Chopin in ihren Armen seinen Geist aufgegeben. Aber Bettina gehörte nicht zu diesen. Ihr war es heißer Ernst mit ihrer Liebe. Man sage nicht, daß ein zweiundzwanzigjähriges Mädchen eine schlechte Figur in den Armen eines sechzigjährigen Mannes mache; Goethe war nur dem Geburtsschein nach so alt, männliche Vollkraft durchströmte ihn, und noch war er, um Bettina's Ausdruck zu gebrauchen, „wie ein Engel schön“.

Aber kam er Bettina entgegen? Diese selbst hat es die Welt glauben machen wollen. Sie hat späterhin eine Menge Geschichten erzählt, welche, wenn sie wahr wären, die Liebe des Dichters zu ihr beweisen würden. Er soll zu ihr gesprochen haben: „Du bist meine Muse! Kein Anderer soll sagen können, daß du ihm so zugethan warst wie mir, daß er deiner Liebe so versichert war, wie ich, ich habe dich geliebt, ich habe dich geschont, die Biene trägt nicht sorgfältiger und behutsamer den Honig aus allen Blüthen zusammen, wie ich aus deinen tausendfältigen Liebesergüssen mir Genuß sammelte“. Dies und dergleichen ist nun freilich erfunden, Goethe empfand Liebe im Alltagssinne nicht für sie, zum mindesten in keiner dem Maße der ihrigen entsprechenden Weise. Schon darum nicht, weil in jene Zeit seine Neigung zu Minna Herzlieb fällt. Es war eine rein freundschaftlich-geistige Neigung, die er Bettina bot, das natürliche Interesse für die Tochter einer geliebten Mutter und einer verehrten Großmutter und für ein geistreiches, originelles Mädchen, das so ganz anders war wie alle andern seines Geschlechts. Ihre zärtlichen und feurigen Liebesbriefe beantwortete er, wie der Abdruck seiner Originalbriefe beweist, in seiner freundlich-wohlwollenden Weise, mitunter mischten sich wahrhaft herzliche Töne ein. Und dies genügte Bettina. Jede Zeile von des Geliebten Hand machte sie glücklich, was auch der Inhalt derselben war, sie wollte nur wissen, daß er sie nicht aus dem Gedächtnisse verloren, während sie bei ihm war. Wo sie sich immer aufhielt, von allen Reisen sandte sie ihm Briefe, Bücher, Zeitungen, Bilder; um ihn zu erfreuen sandte sie sogar seiner Frau, die sie sehr natürlicherweise gar nicht leiden konnte, Geschenke; in Landshut, München, Offenbach, Frankfurt, Wien war ihr einziger Gedanke: Goethe. In Wien lernte sie auch Beethoven kennen und ihre feine Empfindung für Musik wie ihr reizvolles Wesen verschafften ihr schnell die Zuneigung des „Goethe der Musik“. Aber auch hier war der Hauptgegenstand ihrer Unterhaltung — soweit diese noch mit dem fast tauben Beethoven möglich war — Goethe. Freilich war Goethe der ganzen vormärzlichen Welt noch etwas weit anderes als er uns heut ist, seine lebendige Persönlichkeit war die alleinfröhlichmachende und anregungspendende Kraft seiner Zeit, der Inbegriff aller erreichbaren menschlichen Vollkommenheit sogar auch für einen Beethoven.

Bis zum Jahre 1811 währte die erste Epoche ihrer Freundschaft mit Goethe. In demselben reichte sie dem Dichter Ludwig Achim von Arnim die Hand zum ehelichen Bunde. Sie that es trotz ihrer Neigung zu Goethe. Ob die zu Arnim erwachende für den Augenblick stärker war als jene und sie überwallte, oder ob es nicht gerade Liebe war, was sie in seine Arme führte, muß dahingestellt bleiben. Sie selbst hat in späteren Jahren Varnhagen gestanden, sie habe für Arnim, als sie ihn kennen lernte, nichts als Ehrfurcht gefühlt. Allein Bettina's Geständnissen war in solchen Dingen nicht zu trauen, oft hatte sie ihre Schelmenfreude daran, die Welt irre zu führen. Andere, genaue Kenner ihres Lebens, haben behauptet, sie sei bis über beide Ohren in Arnim verliebt gewesen. Und das wäre gar kein Wunder gewesen, denn er war von seltener männlicher Schönheit, eine richtige nordische Heldengestalt. Und auch in geistiger Hinsicht ist er die anziehendste, sympathischeste Gestalt (neben dem ihm nicht unähnlichen Fouqué) aus dem romantischen Kreise. Arnim (geboren den 26. Juni 1781, also nur 4 Jahre älter als Bettina) hatte in Göttingen Naturwissenschaften studirt. Schon auf der Universität hatte ihn neben diesem Studium die Beschäftigung mit der Poesie des Volkes mächtig angezogen. Auf allen seinen Reisen in Deutschland und in den umliegenden Ländern sammelte er die alten Volkslieder, und vereinigte sich mit den Brüdern Brentano zur Herausgabe der ersten, grundlegenden Sammlung deutscher Volkspoesie „Des Knaben Wunderhorn". Im Vereine mit Tieck, den Brentano's, Hölderlin, Uhland, Kerner, den Grimm's, Görres arbeitete er an der „Zeitung für Einsiedler", dem damaligen Organ der Neuromantiker*). Eichendorff schildert Arnim's Per-

*) Auch Bettina war fleißige Mitarbeiterin des Blattes, wodurch sie in nahe Beziehungen zu all den Genannten, besonders den Brüdern Grimm, trat, von ihr rührt u. a. das folgende fast völlig unbekannte Gedicht her. Wir theilen es (aus den Briefen Stägemanns u. s. w.) mit, weil es beweist, wie trefflich sich Bettina die Form des alten Volkslieds zu eigen zu machen wußte, ohne doch den Geist desselben zu treffen, etwas, was sich später bei ihrer Ueberarbeitung der Goethe'schen Briefe von Neuem in größerem Maße zeigte.

„Es schien der Mond gar helle,
Die Sterne blickten klar,
Es schliefen tief die Wellen,
Das Meer ganz stille war.
Ein Schifflein lag vor Anker,
Ein Schiffer trat herfür,
„Ach wenn doch all mein Leiden
Hier tief versunken wär.

Mein Schifflein liegt vor Anker,
Hat keine Ladung drin,
Ich lad' ihm auf mein Leiden
Und laß es fahren hin."

sönlichkeit folgendermaßen: „Männlich schön, von edlem, hohem Wuchs, freimüthig, feurig und mild, wacker, zuverlässig und ehrenhaft in allem Wesen, treu zu den Freunden haltend, wo diese von Allen verlassen, war Arnim in der That, was Andere durch mittelalterlichen Aufputz gern scheinen wollten: eine ritterliche Erscheinung im besten Sinne, die aber deshalb auch der Gegenwart immer etwas selten und fremd geblieben". Durch Clemens Brentano's Vermittlung

---

Und als er sich entrissen
Die Schmerzen mit Gewalt,
Da war sein Herz zerrissen,
Sein Leben war erkalt'.

Die Leiden all' schon schwimmen
Auf hohem Meere frei,
Da heben sie an zu singen
Eine finstere Melodei,
„Wir haben festgesessen
In eines Mannes Brust,
Wo tapfer wir gestritten
Mit seines Lebens Lust.

Nun müssen wir hier irren
Im Schifflein hin und her;
Ein Sturm wird uns verschlingen,
Ein Ungeheuer im Meer."
Da mußten die Wellen erwachen
Bei diesem trüben Sang;
Verschlungen still den Nachen
Mit allem Leiden bang.

hatte er schon vor längerer Zeit Bettinen's persönliche Bekanntschaft gemacht und — wie sie es wenigstens späterhin im „Frühlingskranz" darstellt — sofort die zärtlichste Neigung für sie gefaßt. Ihr widmete er seinen „Wintertag". Der letzte vorhandene Brief Goethe's an sie datirt vom 11. März 1811, und an diesem Tage fand auch ihre Trauung mit Arnim in Berlin statt. Das war eine lustige Hochzeit. Das junge Ehepaar hatte, um sich zu vermählen, nur einige Kleinigkeiten vergessen: sich aufbieten zu lassen, ein Bett anzuschaffen, eine Wohnung zu miethen und dergleichen Nebendinge mehr. (Ich glaube, aus diesen Umständen geht schon allein hervor, daß die Beiden in einander recht tüchtig verliebt waren.) Nachdem endlich alle Hindernisse glücklich bei Seite geschafft waren, konnte die Verbindung für's Leben geschlossen werden. Wir wollen, bevor wir Bettinen's Eheleben besprechen, hier gleich die Darstellung ihrer ferneren persönlichen Beziehungen zu Goethe vorwegnehmen. Dieselben hörten mit ihrer Heirath keineswegs auf, nur machte die wilde Liebe in ihrer Brust einer abgeklärten Freundschaft Platz. Zunächst erlitt das gute Einvernehmen freilich einen starken Stoß. Im April besuchte das junge Ehepaar auf seiner Hochzeitsreise Goethe in Weimar. Hierbei kam es zum Bruche zwischen Bettina und Christiane von Goethe. Bettina hatte, wie leicht erklärlich, die Gattin ihres theuren Goethe nie lieben mögen. Wie fruchtlos die Versuche des Dichters waren, Christiane geistig zu sich empor zu heben, ist Jedermann bekannt. Bettina machte in ihrer offenen, rücksichtslosen Weise dies der Frau klar und bediente sich eines sehr respektwidrigen aber bezeichnenden Wortes. Dies durfte Goethe nun denn doch nicht dulden. Christiane mochte so geringen Geistes sein als möglich, immer war sie seine Gemahlin, die Mutter seines August, die Frau des Staatsministers. Mit der Abreise endete in schrillem Accord das schöne Verhältniß, auf Jahre hinaus blieb das Tischtuch zwischen beiden zerschnitten. Erst Neujahr 1824 wurden die Fäden wieder angeknüpft. Die Liebe, die Sehnsucht, das Bedürfniß dem großen Freunde zu huldigen, war wieder übermächtig in Bettina geworden. Sie sandte ihm die Skizze zu einem Denkmal für ihn. Von diesem selbst, seinen Schicksalen und Goethe's Meinung darüber wird im Verlauf dieser Schrift noch die Rede sein. Hier sei nur erwähnt, daß Goethe Interesse für das Denkmal bewies, seine Freude über so viel Treue und Anhänglichkeit groß war. Im Sommer des Jahres 1826 war Bettina in Weimar und suchte ihn auf. Der einstmalige Streit war vergessen, nichts schien geblieben, als die Erinnerung an die einst verlebten schönen Tage. Nur leise deutete Goethe auf die Vergangenheit hin, indem er ihr sagte, er finde sie merkwürdig zu ihrem Vortheil verändert, sie habe gelernt Menschen zu schonen, was sie früher nicht im Stande gewesen. Und wenige Tage vor Goethe's Tode war Bettina's ältester Sohn Freimund in Weimar. Ein Geleitsbrief der Mutter rief dem Dichterfürsten noch einmal längst vergangene Zeiten in's Gedächtniß, es war einer der letzten freundlichen Sonnenstrahlen, welche um sein Haupt spielten, bevor sein Leben in die Nacht versank. So trat der merkwürdige Fall ein, daß der große Mann zu vier Generationen einer Familie in engen Beziehungen stand.

Arnims väterliche Besitzung war das Gut Wiepersdorf im Kreise Zauche bei Jüterbog in den Marken. Dort brachte das junge Ehepaar die längere Hälfte des Jahres zu. Häusliche Pflichten hielten sie beide zum größten Theile dort festgebannt. Beide widmeten sich der Bewirthschaftung des Gutes und der Erziehung der Kinder. Denn in schneller Folge stellte sich ein Pfand der Liebe nach dem andern ein. Sieben Kinder gebar Bettina ihrem Gatten, fünf Knaben, zwei Mädchen. Diese machten denn natürlich dem Ehepaar viele Sorge. Aber keines derselben schlug aus der Art, sammt und sonders, soweit sie am Leben blieben, wurden sie brave, tüchtige Menschen. Die musterhafte Erziehung im Hause legte dazu den Grund. Bei strenger Schulung gewährte ihnen der Vater doch auch völlige Freiheit, sich nach Gebühr auszutoben. Er selbst schildert in seinen Briefen an Görres anschaulich und lebendig, wie er sie mit sanfter Gewalt aus den Zweigen der Birken und Tannen, in denen sie versteckt sitzen, herabholen muß, um ihnen Unterricht „im Singen und Tanzen“ zu geben. Urgesunde Fröhlichkeit war die Grundstimmung im Arnim'schen Hause. Aehnlich herrscht dieselbe auch in einem großen Theile der Schriften Arnims, welche in jene Epoche fallen. Auch als Dichter ist er uns eine der sympathischesten Figuren des romantischen Kreises. Die Formlosigkeit der Dichter dieser Schule tritt bei ihm nicht so stark hervor als bei den meisten Andern. Eine wahrhaft plastische Gestaltungskraft zeigt sich in manchen Erzählungen wie im „Tollen Invaliden auf dem Fort Ratonneau“, im „Fürsten Ganzgott und Sänger Halbgott“. Eine seiner schönsten literarischen Früchte jener Zeit ist das Novellenbändchen „Landhausleben“, in welchem Oertlichkeiten, Umgebung und Leben auf dem Gute, mit poetischen Ausschmückungen in eine erfundene Geschichte verwebt, im Ganzen getreu geschildert sind. Da berichtet er von heiteren Maskenscherzen, von Besuchen guter Freunde aus der Hauptstadt, von kleinen Hausconcerten und dergleichen mehr. Manchen trüben Schatten warfen freilich auch häusliche Sorgen auf dieses Leben, Krankheiten der Kinder und Bettinen's selbst*). In den

*) Den häufigen Berichten Arnims von der Krankheit seiner Frau im Görres'schen Briefwechsel a. a. O. widerspricht aller-

ersten Jahren der Ehe waren es auch patriotische Sorgen und Pflichten, die auf ihm und ihr lasteten; der gewaltige Sturm der Befreiungskriege begann zu wehen, seine Vorboten kündigten sich gerade an, als sie nach der Mark kamen. Arnim nahm an allem thätigen Antheil, er war ein Patriot von ächtem Schlag und Korn, die Sache der Allgemeinheit war auch die seine, und er hatte in politischen Dingen einen scharfen Blick. Auch darin zeichnet er sich vortheilhaft vor dem großen Troß der betreffs politischer Dinge in mittelalterlichen Anschauungen dahindämmernden Romantiker aus. Er war ein ganzer deutscher Mann und ein Kämpfer nicht nur für die äußere, sondern auch für die innere Freiheit; ein begeisterter Anhänger Steins, sagte er sich von Hardenberg los, als dieser, in zügellosen Lüsten erschlaffend, seine hohen Ziele aus den Augen verlierend, immer weiter und weiter nach der freiheitsfeindlichen Seite abschwenkte. Ueber die Eindrücke, welche jene gewaltigen Jahre der Befreiungskämpfe in Bettina's Seele hervorgerufen, fehlen uns eigentlich authentische Zeugnisse und Nachrichten. Ueberhaupt spielte sie in den Jahren ihres Ehestandes durchaus eine inactive Nebenrolle. Ihr sprudelnder, explosiver Geist hielt an sich und suchte sich harmonisch in bescheidenen

---

dings H. Grimm, der im Vorwort zur dritten Auflage des „Briefwechsel mit einem Kinde“ sagt: „B. war nie krank, nie, bis auf die letzten Lebensjahre auch nur leidend“.

Verhältnissen zu beschränken. Häusliche Sorgen, die Erziehungspflichten mögen zum großen Theil diese weise Selbsteindämmung veranlaßt haben. Aber ehrenvoll bleibt es für sie, daß sie nicht versuchte, sich neben ihrem Gatten hervorzudrängen und absichtlich die Blicke Anderer in stärkerem Grade auf sich zu lenken, als ihr in ihrer Stellung zukam. Ihren Gatten verehrte sie und trug ihn auf den Händen und erhob nie den Anspruch mehr zu sein und mehr zu gelten, denn als seine Gemahlin. Ihre Kinder liebte sie geradezu abgöttisch und ging vollständig in ihnen auf. Diese Jahre ihres Lebens waren ihr eine wohlthätige Zeit der inneren, geistigen Sammlung, jene Fülle von Gedanken, Vorstellungen, Anschauungen, die in ihren späteren Werken zu Tage tritt, mag sich damals in ihr gebildet und aufgespeichert haben.

Einen Theil des Jahres verlebten die Gatten in Berlin. Auch hier trat sie nicht „epochemachend“ auf, sondern mehr empfangend als gebend, mehr Anregung heischend als spendend. Der Rahel'sche Kreis war damals in voller Blüthe und Wirksamkeit. Die Art des Goethecults, wie er von Rahel getrieben wurde, stimmte nicht völlig mit ihrer Goetheschwärmerei zusammen, er war ein anderes Versenken in den Geist des Dichters, als sie meinte und wollte. Goethe ward hier wenig anders als ein Kunstwerk der Schöpfung betrachtet, man huldigte seinem Geist, während sie sein Blut verehrte, man opferte dem Dichter, während ihr der Mensch viel näher stand. Dennoch knüpfte sie schon jetzt die feinen Fäden zu dem Gewebe, mit dem sie später die Welt überraschen sollte. Sie verkehrte vorzüglich im Hause Savigny's, der seit 1810 als Lehrer an der neu eröffneten Universität wirkte und fand auch hier wie in Marburg und Landshut im Schooße seiner Familie die freundlichste Aufnahme. Ein anderer warmer Freund wurde ihr Schleiermacher, dessen freie Anschauungen über Religion und Politik so sehr mit den ihrigen übereinstimmten. Die neuen Gedanken, die er ihr mittheilte, ergriffen sie mächtig und viele der Ideen, die sie späterhin in ihre Schriften niedergelegt, sind nichts als der Nachklang ihres Umganges mit Schleiermacher, wenn sie dieselben auch als eigene ausgiebt oder anderen Personen in den Mund legt. Leider hielt sich ihre Hinneigung zu ihm nicht stets in den Grenzen einer rein geistigen, und so erlitt ihr Verhältniß zu Schleiermachers edler Gattin zeitweilige Trübungen. Semilasso, der Weltspaziergänger (Fürst H. v. Pückler-Muskau) ward gleichfalls einer ihrer besten Freunde. Das Ruhelose im Charakter dieses Mannes, der innere Drang zu wandern und zu schaffen, seine Liebe zur Natur, zur Gartenkunst, aus der der herrliche Park von Muskau entstanden, seine freien politischen Ansichten trafen mit ihren Empfindungen und Anschauungen zusammen.

Eine glänzende Persönlichkeit, vornehmes Wesen mit einem Anflug von Blasirtheit, Rang und Stellung verloren bei Bettina nie ihre Wirkung, und Pückler besaß alle diese Eigenschaften. Bei Varnhagen lernten sie einander kennen, und Bettina faßte sofort die leidenschaftlichste Zuneigung für ihn und wollte ihn allein besitzen. Nur in beschränktem Maße erwiderte Pückler ihre Liebe. Sie aber folgte wie immer allein dem Impulse ihres Herzens. 1833 erschien sie in Muskau. Allein ihr Verhängniß war es, daß fast stets die Männer ihrer Neigung durch eheliche Fesseln gebunden waren. Pücklers Lucie, seine ‚Schnucke‘, besaß damals noch nicht die geringste Lust, jene Rolle zu spielen, welche ihr späterhin neben einem braunen Fellahmädchen doch beschieden sein sollte, und da Bettina ganz als die Geliebte Pücklers aufzutreten versuchte, kam es auch hier zum Bruche. So endete diese Liebesepisode in Bettina's Leben nicht minder tragikomisch als alle übrigen.

Schinkel, der große Architekt, war ihr nicht minder befreundet. Varnhagen erzählte später, Bettina habe behauptet, die Pläne zum Schauspielhause rührten zum größten Theil von ihrer Hand her. In dieser Form wird sie eine solche Behauptung wohl nie aufgestellt haben; daß Schinkel manche Anregung, manchen befruchtenden Gedanken von ihr empfangen, ist vielleicht richtig. Sie besaß monumentalen Sinn; in der Malerei und Plastik zu Hause, ihre Versuche mit

Pinsel und Modellholz niemals unterbrechend und sich immer mehr vervollkommnend, hatte sie sich auch die Architektur vertraut gemacht. Ueber seine Pläne hat Schinkel mit ihr jedenfalls eingehend gesprochen. Freilich war sie selbst nicht selten geneigt, ihre Verdienste nicht nur ins rechte Licht zu setzen, sondern vor der Oeffentlichkeit ein wenig zu übertreiben.

Wer aber könnte ihre Freunde aufzählen, ohne von dem großen Dioskurenpaar ihrer Zeit zu sprechen, dem sie nahe gestanden, den Brüdern Alexander und Wilhelm von Humboldt. Mit beiden stand sie im eifrigen Verkehr und Briefwechsel. Liebe zur Natur und zur Freiheit, das war auch hier wieder das Band, das sie an jene beiden fesselte, vermuthlich weil sie schon damals erkannte, daß man das eine nicht vom andern trennen könne.

Das Schönste jedoch, was ihr in diesen Jahren das Leben bot, war ohne Zweifel ihr persönlicher Verkehr im Hause ihres Freundes Varnhagen von Ense. Man sagt wohl bisweilen, daß solche Freundschaft, wie sie zwischen Männern sich entwickeln könne, bei Frauen gar nicht möglich sei, daß die ganze, mehr auf das Kleine gerichtete Natur des Weibes ihr völlig widerstrebe. Nun, das Verhältniß, in dem Rahel und Bettina mit einander standen, straft solche Behauptungen Lügen. Es war die schönste, ideale Frauenfreundschaft, welche wohl je bestanden hat. Jede der beiden Frauen goß ihre Seele ganz in die der andern und schöpfte aus der der Freundin die holdeste Erquickung. Welch verschiedene Naturen, diese beiden! Rahel ganz Ruhe, Bettina ganz Temperament! Bei jener wurde die Sinnlichkeit vom Geist gezügelt und am Zaum geführt, bei dieser war die Sinnlichkeit das Roß, auf dem der Geist als Reiter saß und es zügellos durch die Gefilde dahinsprengen ließ. Aber wie immer, zog gerade der Gegensatz ihrer Naturen die beiden Frauen mächtig zu einander und öffnete ihnen die Herzen. „Außer allem Wohlwollen, aller Anerkenntniß" (schreibt Bettina an Rahel), „die ich Ihrer selbstverläugnenden Großmuth zu danken habe, hat mich auch Ihre geistige Nähe immer zu tieferem Eingehen in die noch unmündigen Anlagen und Bestimmungen meines Wesens gereizt, und so habe ich Genuß und Vortheil durch Sie gehabt, der mir nicht leicht zu ersetzen ist. Eben so muß ich von Herrn von Varnhagen bekennen, daß er mir unausgesetzt ein freundliches, durch keine Laune gestörtes Interesse bewiesen hat, was schon dadurch meine Achtung in Anspruch nimmt, daß ich es nie so rein und frei von jeder andern Bewegung außer der Güte in ihm erfahren habe". Wenn Bettina sich hier allein als die Empfangende hinstellt, so mag dies der Ausfluß ihrer Bescheidenheit gewesen sein, sicherlich hat sie Rahel so viel gegeben, als sie von ihr empfangen, ihr ganzes Wesen, ihre rasche Munterkeit, ihr stürmisches Huldigen, sobald sie fremden Geist dem ihrigen überlegen erkannte, ihre fröhliche Weltanschauung, ihre echt modernen liberalen Ideen, die wie bei den meisten Frauen, mehr ihrer Empfindung als ihrem Geist entströmten, und mit unwiderstehlicher Gewalt ihm entströmten, ihre ganze Art mit dem Herzen zu denken — während Rahel mit dem Kopfe empfand — übten einen wirkungsvollen Zauber auf Jeden, der mit ihr in Berührung kam.

Und diese Freundschaft mit Varnhagen und seiner Gattin, die im Glück geschlossen wurde, sollte sich im Leid bewähren. Das zweite Decennium des Ehelebens Bettinen's neigte sich dem Ende zu. Bisher in fast ungetrübtem Glück verlaufen, wurde es jetzt jäh unterbrochen. Am 21. Februar 1831 starb Ludwig von Arnim eines plötzlichen Todes. Man kann sich den Jammer Bettina's denken. Sie weinte und schrie in einem fort, rang die Hände und wußte in ihrem Schmerz sich nicht zu fassen. Plötzliche, unerwartete Ereignisse übermannten sie stets, doch eben so schnell gewann sie ihre Fassung wieder. Da waren neben ihren Verwandten Savigny's hauptsächlich Varnhagen und Rahel die, welche sie zu trösten im Stande waren. Diesen Liebesdienst hat Bettina, die sonst keinen Menschen Dank schuldig sein wollte, nie vergessen, und schneller, als sie gedacht, kam sie in die Lage, ihn zu vergelten. Denn schon 1833 starb die treue Freundin Rahel, Varnhagen's einziges Glück, und hinterließ ihr die Verpflichtung, das Werk, dem sie beide sich gewidmet, die Apotheose Goethe's, fortzuführen und zu vollenden, und fortan nach ihrer Art den Mittelpunkt für das geistige Leben Berlins zu bilden. Damals war es Bettina, die ihr Amt, den trauernden Wittwer aufzurichten und zu trösten, in schönster und pietätvollster Weise durchführte. Zwischen jenen beiden Todesfällen aber lag ein anderer, der furchtbarste Schlag, der sie treffen konnte: der Tod Goethe's im Jahre 1832. Der schönste Diamant auf Erden war verschwunden, der Stolz der Menschheit dahin, er, den sie geliebt, den sie nie vergessen hatte! Hatte das Leben nun noch Werth für sie? Sie erkannte bald mit ihrem hellen Sinne, daß jetzt das Leben erst anfange, Werth für sie zu haben, weil jetzt erst ihre eigentliche Lebensaufgabe beginne. Alles bis hierher war nur Vorbereitung darauf gewesen. Was sie dem Hingeschiedenen bei dessen Lebzeiten nicht hatte sein dürfen, das wollte und mußte sie ihm nach seinem Tode werden. Und ihr däuchte, daß die Apotheose Goethe's als ihr Lebenszweck auch das einzige Mittel ihrer Selbstweitererhaltung sei, daß ihre Kräfte schwinden, sie selbst haltlos zusammenbrechen müsse, wenn sie von Goethe ließe und nicht mehr wie früher sich eins mit ihm fühlte. Ein doppeltes Denkmal wollte sie ihm errichten, das schon entworfene steinerne und ein anderes, poetisches. Der Kanzler Müller sandte ihr auf ihr Verlangen aus Goethe's Nachlaß die Briefe zurück, die sie an ihn gerichtet, sie selbst besaß eine große Anzahl Briefe von der Hand des Meisters. Dies mußte das Fundament und das Material für ihr poetisches Denkmal sein. Und indem sie das letztere veröffentlichte, wollte sie die Mittel zur Aufstellung jenes plastischen gewinnen, der Gewinn des Buches, das sie vor hatte, sollte jenem gewidmet sein. Auf die Sichtung und Bearbeitung jenes Briefwechsels verwandte sie die nächste Zeit. Sie war mittlerweile völlig nach Berlin übergesiedelt, denn was hätte sie auf dem einsamen Gute beginnen sollen? In der Hauptstadt waren die meisten ihrer Freunde, ihrer Anhänger, nur hier konnte sie ihr Werk vollenden.

Mit jenem Denkmal aber verhielt es sich folgendermaßen. Während ihres Zusammenlebens mit Arnim hatte sie sich in den Mußestunden mit allerlei Künsten, der Musik, der Malerei beschäftigt, hauptsächlich jedoch mit der Ausarbeitung des Entwurfs zu einem Goethe-Denkmal, denn die Verherrlichung des Andenkens ihres großen Freundes erschien ihr nun einmal als ihre erste und einzige Lebensaufgabe. Ihre Idee war folgende. Auf einem mit zahlreichen schönen Basreliefs geschmückten Unterbau, für welch' erstere sie die detaillirtesten Zeichnungen entwarf, erhob sich eine sella curulis, eine Art antiken Thrones, mit der Statue. Sie selbst beschreibt diese folgendermaßen: „Goethe in halber Nische auf dem Throne sitzend, sein Haupt über die Nische, welche oben nicht geschlossen, sondern abgeschnitten ist, erhaben, wie der Mond sich über den Bergesrand herauf hebt. Mit nackter Brust und Armen. Der Mantel, der am Halse zugeknöpft, ist über die Schulter zurück unter den Armen wieder hervor im Schooße zusammen geworfen, die linke Hand hebt sich über der Leier ruhend, die auf dem linken Knie steht, die rechte Hand ist in derselben Art gesenkt, und hält nachlässig seines Ruhms vergessend den vollen Lorbeerkranz gesenkt, sein Blick ist nach den Wolken gerichtet, die junge Psyche steht vor ihm, sie hebt sich auf ihren Fußspitzen, um in die Saiten der Leier zu greifen, und er läßt's geschehen in Begeisterung versunken. Auf der einen Seite der Thronlehne ist Mignon als Engel gekleidet mit der Ueberschrift: ‚So laßt mich scheinen bis ich werde', jenseits Bettina, wie sie, zierliche kleine Mänade auf dem Köpfchen steht, mit der Inschrift: ‚Wende die Füßchen zum Himmel nur ohne Sorge! Wir strecken Arme betend empor, aber nicht schuldlos wie Du!' — Auf der Zeichnung steht nun allerdings Bettina nicht Kopf, sondern in einer antiken Tanzstellung mit rückgeworfenem Haupt. Aus jenen Worten aber ergiebt sich die Unrichtigkeit der Behauptung Varnhagen's, die nackte Psyche zwischen Goethe's Beinen sollte Bettinen's Züge tragen.

4*

Das Monument wurde zunächst in kleinem Maßstabe in Thon vom Bildhauer Wichmann jr. modellirt und an Moritz Bethmann nach Frankfurt gesandt, der sich für die Ausführung jedoch wenig interessirte. Der Entwurf ging an Goethe. Mit seiner ruhigen Objectivität urtheilte dieser darüber: „Die Skizze der Frau v. Arnim ist das wunderlichste Ding von der Welt; man kann ihr eine Art Beifall nicht versagen, ein gewisses Lächeln nicht unterlassen, und wenn man das kleine nette Schooßkind des alten impassiblen Götzen aus seinem Naturzustande mit einigen Läppchen in den schicklichen befördern wollte und die starre, trockne Figur vielleicht mit einiger Anmuth des zierlichen Geschöpfes sich erfreuen ließe, so könnte der Einfall zu einem kleinen hübschen Modell recht neckischen Anlaß geben. Doch mag es bleiben wie es ist; auch so giebt es zu denken.“ Wie aus diesen Worten hervorgeht, stand Goethe der Arbeit ziemlich kühl gegenüber und dachte nicht daran sich für eine Ausführung derselben in dem von Bettina geplanten Kolossalmaßstabe zu begeistern, wie diese späterhin — freilich aus guten Gründen — der Welt mit großem Pomp verkündete. Zunächst mußte Bettina auch auf die ersehnte Ausführung des Denkmals verzichten, allein sie behielt dieselbe unabläßig im Auge. Es sollte ihr späterhin noch Sorge und Kummer genug machen, denn wie sie Vieles mit allzu feurigem Eifer anfaßte, so ging sie auch hinsichtlich des Denkmals in zu stürmischer Weise vor. —

Im Jahre 1835 erschien endlich jenes Werk ihrer Feder, das vom Schicksal bestimmt war, ihr einen Weltruf zu machen: „Goethe's Briefwechsel mit einem Kinde".

Es ist viel und heftig über das Buch gestritten worden. Nicht über den poetischen, sondern über den literarhistorischen und biographischen Werth desselben. Die poetischen Schönheiten dieses Gedichts in Prosa hat noch Niemand bezweifelt. Allein man hat Bettina scharf und heftig angegriffen, daß sie es wagte, die Briefe Goethe's in ihrem Sinne und zu ihrem Zwecke zu überarbeiten und mit Zusätzen zu versehen und daß sie durch verschiedene unrichtige Einfügungen die ganze Chronologie der Goethe'schen Dichtungen in Unordnung gebracht hat. Wahr ist's, daß sie sich eigenmächtige Veränderungen mit Goethe's Briefen erlaubt hat, daß sie Gedichte als an sie gerichtet bezeichnet hat, welche lange nach Beendigung der Correspondenz vom Dichter verfaßt worden waren, daß sie den Anschein zu erwecken bemüht war, als seien einzelne der berühmten Sonette Goethe's nichts als Umdichtungen von Briefen ihrer Hand. Sie läßt den Dichter Aeußerungen ihr gegenüber thun, welche dieser nie gesprochen oder niedergeschrieben.

Ihre Veränderungen an den Briefen Goethe's

bestehen darin, daß sie aus einem sehr natürlichen Grunde alle die Stellen, welche von ihrem Verlobten oder des Dichters Gattin handelten, ausgemerzt hat, denn diese beiden Figuren hätten in der Liebesgeschichte, die sich da abspielt, nur eine klägliche Rolle spielen können. Da sie um der poetischen Wirkung willen und vielleicht auch ein wenig aus weiblicher Eitelkeit, die höchste und allerstärkste Leidenschaft der Liebe zum Grundton des Buches wählte, durfte sie jene beiden Figuren nur von fern angedeutet in denselben erscheinen lassen. Den Charakter der wirklichen Beziehungen zwischen ihr und Goethe hat sie wohl in eine sattere Farbe getaucht, nicht aber gefälscht. „Das Buch“, schreibt sie, „enthält meine Herzensangelegenheiten mit ihm nackt und bloß wie sie Gott in mir erschaffen hat und wie er unter dem Beistand der Grazien sie gezähmt und gebändigt hat; es sind keine gelehrten Dinge .... es ist lauter heidnische Seelenwollust“. Daß Bettina Goethe geliebt und daß er ihr zwar nicht Gegenliebe, wohl aber warmes Interesse dargebracht, ist gewiß, und daß sie einen um vieles stärkeren Pulsschlag durch das Ganze gehen ließ, als in Wirklichkeit der Fall war, war ihr gutes Poetenrecht. Sie wollte ja keinen biographischen Beitrag schreiben, sondern glaubte den Manen des Dichters dichterisch huldigen zu müssen.

Eine Art biographischen Zweck hatte das Buch allerdings, allein dieser war doch wieder künstlerischer

Natur. Sie wollte gewissermaßen auch ein Supplement zu „Dichtung und Wahrheit“ geben, eine Menge interessanter, der Welt bisher unbekannter oder von Goethe in anderer Form verwendeter Mittheilungen aus dem Jugendleben des Dichters veröffentlichen, welche sie von Frau Rath in dem langen Verkehr mit ihr empfangen, wodurch sie hoffte sich den Dank der Welt zu erwerben. Sie beabsichtigte außerdem einen Theil der Erinnerungen ihres eignen Jugendlebens, ihrer Ansichten über Kunst und Kunstgegenstände, besonders über Musik, und die Berichte über Begegnungen mit manch' anderen interessanten Männern zu erzählen. Dies veranlaßte eine zweite Art von Einschiebungen, die meisten jener Stellen, in denen Goethe von ihr verlangt, sie sollte ihm Mittheilungen über das ihr von Frau Rath inbetreff seiner Jugendzeit Erzählte machen, sowie jene, in denen er über ihre zahlreichen ästhetischen „Explosionen“ spricht und sie auffordert, in denselben fortzufahren, z. B. jene Stelle im Briefe vom 11. Jan. 1811, von der Löper sagt, daß sie im Munde Goethe's unmöglich sei: „im Gegentheil wenn ich Dir ein unverhohlnes Bekenntniß machen soll, so wünsch' ich Deine Gedanken über Kunst überhaupt wie über Musik mir zugewendet. In einsamen Stunden kannst Du nichts Besseres thun, als Deinem lieben Eigensinn nachhängen und ihn mir trauen, ich will Dir auch nicht verhehlen, daß Deine Ansichten trotz allem Absonderlichen einen gewissen Anklang in mir haben, und so Manches was ich in früherer Zeit wohl auch in meinem Herzen getragen, wieder anregen, was mir dann in diesem Augenblicke sehr zu statten kommt" 2c. Aber wenn Bettina diese erwähnten Stellen nicht eingeschoben hätte, so wären ihre Ausführungen und Berichte unmöglich geworden und dem Buch ein schönster Theil seiner Reize von vornherein genommen gewesen. Es spiegelt sich in demselben eben die ganze Bettina mit all ihren schillernden, noch nicht ausgereiften Empfindungen und Gedanken wieder. Wir würden, hätte sie sich bei jener Publikation genau an den Buchstaben gehalten, um ein poetisches Meisterwerk, eine Perle der deutschen Literatur, die jetzt viel zu wenig beachtet wird, ärmer sein. Und bewundern werden wir immer die unvergleichliche, geschickte Fertigkeit, mit der sie Goethe's Stil in den Aeußerlichkeiten täuschend nachahmte, wenn sie auch den Geist seiner Briefe nicht zu treffen vermochte.

Nicht zu rechtfertigen sind allerdings die willkürlichen Abänderungen und Angaben der Daten sowohl in den Briefen Goethe's wie in den eigenen. Dieselben sind völlig zwecklos. Wie sorglos Bettina dabei zu Werke ging, zeige nur ein Beispiel. In der Correspondenz vom Jahre 1810 ist ein Brief „den 29. Februar" datirt, während dieses Jahr unmöglich ein Schaltjahr gewesen ist. An dergleichen

Leichtfertigkeiten darf man sich bei Bettina nun allerdings niemals stoßen, wie man ja minutiöse Genauigkeit in Zeit- und Ortsangaben bei Frauen höchst selten finden wird. Was nun ihre Darstellungen betreffs der Adresse vieler Goethe'schen Gedichte betrifft, so darf man auch hier nicht zu streng mit ihr ins Gericht gehen und gleich von „Fälschung aus Eitelkeit" sprechen. In der Mehrzahl der Fälle war sie eine selbstgetäuschte Täuscherin. Sie glaubte wirklich, daß die Gedichte Goethe's aus jenen Jahren an sie gerichtet waren, sowohl die Sonette, wie die Divanslieder, sie hatte von der Existenz der Minna Herzlieb ebenso wenig eine Ahnung als von der der Marianne von Willemer, denen Goethe's Neigungen damals zugewandt waren. Diese Unkenntniß ging soweit, daß sie sogar die „**Charade**", deren Auflösung der Name Herzlieb ist, als an sie gerichtet annahm. Sie hatte auch nach einer Reihe von so vielen Jahren vergessen, daß Goethe's orientalische Periode erst 1814 begann, daß daher jenes wundervolle „Als ich auf dem Euphrat schiffte" unmöglich 1808 an sie gerichtet gewesen sein könne, sondern trug in dem Glauben, sie sei die Adressatin dieses Gedichts, eine auf dasselbe bezügliche Stelle in die Correspondenz ein. Dagegen ist wieder wahrscheinlich, daß Goethe das Sonett mit den berühmten Worten: „Mein Kind! Mein liebes Herz! Mein artig Mädchen", in Anknüpfung an den von ihr an ihn wirklich gerichteten Brief vom 15. Juli 1807 verfaßt hat. Daß sie dagegen in ihrer Eitelkeit wieder Goethe'sche Sonette zu nachträglich verfertigten Briefen an ihn verarbeitet hat, um das Lob, Goethe zu dichterischem Schaffen angeregt zu haben, in noch höherem Grade zu verdienen, geht freilich klar aus der folgenden Stelle eines Briefes in ihrem Buche hervor, in der sie leichtfertig genug war, die Endreime des Sonetts (des achten) inmitten der Prosa stehen zu lassen und sogar nicht einmal das männliche Fürwort in das weibliche zu verwandeln. (Im Uebrigen ist es auch in ihren späteren Schriften z. B. im Ilius Pamphilius nichts Seltenes, daß ganze, große Briefstellen in schwungvollen Versen geschrieben sind.) Jene Stelle des Briefwechsels lautet im Original folgendermaßen: „Ein Blick von deinen Augen in die meinen, ein Kuß von dir auf meinen Mund, belehrt mich über Alles; was könnte dem auch wohl noch erfreulich scheinen zu lernen, der wie ich hiervon Erfahrung hat? Ich bin entfernt von dir, die Meinen sind mir fremd geworden, da muß ich immer in Gedanken auf jene Stunde zurückkehren, wo du mich in den sanften Schlingen deiner Arme hieltest; da fang ich an zu weinen, aber die Thränen trocknen mir unversehens wieder. Er liebt ja herüber in diese verborgene Stille, denke ich, und sollte ich in meinem ewigen ungestillten Sehnen nach ihm nicht in die

Ferne reichen? Ach vernimm es doch, was dir mein Herz zu sagen hat, es fließt über von leisen Seufzern, alle flüstern dir zu: mein einzig Glück auf Erden sei dein freundlicher Wille zu mir. O lieber Freund, gieb mir doch ein Zeichen, du seist meiner gewärtig!"

Das Buch zerfällt in drei Abtheilungen. Die erste enthält ihren Briefwechsel mit Frau Rath, und den Anfang der Correspondenz mit Goethe, die zweite den Schluß derselben, die dritte ein Tagebuch aus jenen Jahren. In der Correspondenz mit Frau Rath ist namentlich eines charakteristisch. Sie schildert bis ins Detail gelegentlich einer Rheinreise eine Menge Kunstgegenstände, die sie gesehen haben will, worauf Frau Rath antwortet, diese Dinge existirten jedenfalls blos in ihrer Phantasie, aber das wäre ja auch ganz gleich. In diesem Zuge steht die ganze Bettina vor uns. Das Reich der Phantasie war für sie das der eigentlichen Realitäten, womöglich reeller als die Wirklichkeit, zum mindesten demselben gleichstehend. Das ist echt brentanosch, echt romantisch und echt weiblich. Jede Frau hält das, was sie wünscht, für wahr. Darin besteht der Unterschied der männlichen und weiblichen Liebe. Der Mann liebt an dem Wesen, das ihm theuer ist, das Schöne, was dieses wirklich besitzt, das Weib an dem Manne ihrer Wahl ihr eignes Ideal, indem sie jenem die Eigenschaften des letzteren leiht und sich selbst überredet, er besäße sie wirklich, der Mann liebt mit den Sinnen, das Weib mit der Phantasie, er ist der geborne Realist, sie der natürliche Romantiker. Deswegen haben so viele Romantiker wie Novalis, Hauff u. a. einen ganz weiblichen Charakter, während weibliche Realisten wie die George Sand, Fanny Lewald &c. ein nicht wegzuläugnendes männliches Etwas in ihrem Charakter besitzen. Jenes Ueberwiegen der idealisirenden Phantasie beim Weibe ist auch der Hauptgrund, der es für ewig von der Bekleidung gewisser Lebensstellungen, z. B. der richterlichen, ausschließen wird, während die Zulassung der Frauen zur Advokatur entschieden nur eine Frage der Zeit ist.

Mit dem Maße, das man sonst an ein literarisches Kunstwerk zu legen pflegt, dürfen Bettinens Schriften, zumal der Briefwechsel mit einem Kinde, nicht gemessen werden, es giebt in der ganzen deutschen Literatur kein Werk, das mit ihm verglichen, keine Classe, in die es eingereiht werden könnte. Ein Roman in Briefen, wie etwa der Werther, ist es durchaus nicht. Es bildet mit der „Günderode“, dem „Frühlingskranz“ u. s. w. eine Species für sich. Nach Analogie des lyrischen Dramas möcht ich's einen lyrischen Roman in Prosa nennen, weil Alles in demselben Gefühlsleben, nichts fortschreitende Handlung ist. Aber auch eine fortlaufende psychologische Entwicklung in regelmäßiger Folgerichtigkeit ist nicht drin zu finden. Es sind Liebesergüsse einer leidenschaftlich erregten Seele, Natur- und Kunstschilderungen, ästhetische Ideen, biographische Mittheilungen, Erzählungen von Einzelheiten aus den Kämpfen der Zeit: kurz eine Olla potrida von allem Möglichen, das nur durch den Einen, auf den sich Alles bezieht, an den Alles gerichtet ist, in harmonischem Zusammenklange gehalten wird. Lange kann Bettina bei einem Thema nie verweilen, einem Vögelchen gleich, fliegt und hüpft sie immerfort, pocht an jedes Fenster an und ist, sobald man an's Fenster tritt, das liebe, kleine Ding näher zu betrachten, schon längst auf und davon, um bei allen Nachbarn in der Geschwindigkeit dasselbe Spiel zu üben. Was zieht nicht Alles in bunter, sinnverwirrender Folge vor unserm Blick in den Blättern jenes Buches vorüber! Goethe's und ihre eigne Jugend, ihr Aufenthalt in Wien, Marburg, Landshut, München, Judenemancipationen, die Freiheitskämpfe der Tyroler gegen Napoleon, Träume der Nacht, die Wahlverwandtschaften, Spaziergänge in Berg und Thal, Wald und Feld, Malerei, Musik und Kupferstecherkunst, Alles wirbelt in kaleidoskopischen Bildern bunt durcheinander. Hundert Personen treten auf, aber alle nur silhouettirt, Goethe und Bettina allein treten scharfumrissen hervor, Beethoven und der Maler Grimm, die Frau Rath und Savigny, Rumohr und Sailer, alle sind nur leicht angedeutet. Bettina's große Beobachtungsgabe für das Kleine und Kleinste in der Natur und im Menschenleben tritt allenthalben zu Tage, manche ihrer Schilderungen sind wahre Kabinetsstücke, namentlich das, was sie nach den Erzählungen der Frau Rath an Goethe als Material für „Wahrheit und Dichtung" berichtet. Wie prächtig und malerisch ist nicht zum Beispiel ihre Schilderung der Ruine auf dem Rochusberge, überhaupt der Rheinreisen, oder jene ihres Spazierganges auf dem Wartburgberge. Ein prächtiges culturhistorisches Genrebild ist auch die Schilderung des Besuchs der Madame de Staël bei der Rath Goethe, werth, daß der Pinsel eines genialen Malers ihm auch einmal auf der Leinwand leuchtende Gestaltung verliehe. Vortrefflich ist die Erzählung von Goethe's Eislauf. Ihre philosophischen und ästhetischen Ansichten sind freilich manchmal noch ein wenig unklar. Besonders ihre Anschauungen über Musik. „Eigentlich ist das doch nur Musik, was gerade da beginnt, wo der Verstand nicht mehr ausreicht." — „Offenbarung des Geistes in den Sinnen ist die Kunst." — „Es ist nicht nöthig, daß wir sie verstehen, aber daß wir an sie glauben." — „Die Kunst ist Heiligung der sinnlichen Natur" u. a. m. Sobald Bettina ins Philosophiren kommt, verdunkelt sich sonderbarerweise ihre sonst so klare Sprache, ihre so logische Wiedergabe der Gedanken ein wenig.

Einen ganz andern Eindruck als die beiden ersten Theile macht der dritte, das Tagebuch. Die eigenthümliche Gestaltung, die Briefform, läßt uns dort manche Unwahrscheinlichkeit nicht so stark hervortreten, während dies hier bei der aphoristischen oder rein erzählenden wohl der Fall ist. Dazu kommt, daß dieser handgreifliche Unrichtigkeiten enthält. Sie redet Goethe an: „Wie begierig nach Liebe warst Du! wie begierig warst Du geliebt zu sein! Nicht wahr, Du liebst mich? nicht wahr, es ist Dein Ernst, Du betrügst mich nicht? — so fragtest Du, und ich sah Dich an und schwieg. ‚Ich bin leicht zu betrügen, mich kann jeder betrügen, betrüge mich nicht, mir ist lieber die Wahrheit und wenn sie auch schmerzt, als daß ich umgangen werde.‘ Wenn ich dann aufgeregt durch solche Reden Dir mein Herz aussprach, da sagtest Du: ‚Ja, Du bist wahr, so was kann nur die Liebe sagen.‘“ Solche Worte hat Goethe unzweifelhaft nicht an sie gerichtet, viel eher war das Umgekehrte möglich. Aber Bettina war gezwungen, dergleichen die Welt glauben zu machen, ihr Verhältniß so innig als möglich darzustellen, um nicht den geringsten Verdacht gegen die Authenticität des Briefwechsels aufkommen zu lassen.

Wir haben schon erwähnt, daß der Reingewinn dem Denkmal Goethe's gewidmet sein sollte. Ob ihr Modell künstlerisch vollendet war, darum handelte es sich für den Augenblick nicht, es war fertig, es konnte sofort in Angriff genommen werden, darum war es das beste. Damit die Welt sich aber für die Errichtung desselben interessire, mußte die Sache so dargestellt werden, als ob Goethe dasselbe bei Lebzeiten bereits nicht nur gebilligt, sondern auch gewünscht hätte. So gab sie denn ihrem Buche eine Zeichnung ihres geplanten Denkmals bei, fügte eine genaue Beschreibung hinzu und sagte: „‚Ein verklärtes Erzeugniß meiner Liebe, eine Apotheose meiner Begeisterung und seines Ruhmes', so nannte es Goethe, wie er es zum ersten Male sah." Und weiter: „Zur Geschichte des Monuments gehört noch, daß ich es selbst zu Goethe brachte*). Nachdem er es lange angesehen hatte, brach er in lautes Lachen aus; ich fragte: ‚Nun, mehr kannst Du nicht als lachen?' und Thränen erstickten meine Stimme. — ‚Kind! Mein liebstes Kind!' rief er mit Wehmuth, ‚es ist die Freude, die laut aus mir aufjauchzt, daß Du liebst, mich liebst, denn so was konnte nur die Liebe thun.' — Und feierlich die Hände mir auf den Kopf legend: ‚Wenn die Kraft meines Segens etwas vermag, so sei sie dieser Liebe zum Dank auf Dich übertragen.' — Es war das einzigemal, wo er mich segnete, anno 24 am 5. September." Wir wissen nun freilich, daß Alles dies erfunden, daß Goethe's Ansicht darüber ganz anders lautete. Allein wir werden ihr die fromme Unwahrheit gern verzeihen, ward sie doch zu einem guten und edlen Zweck

*) Ist gleichfalls erdichtet.

ausgesprochen, konnte sie doch nur nützen, nicht schaden.

Das Buch ist mit einer Lebendigkeit, einer Anschaulichkeit, einer Wärme, vor allen Dingen aber in einem Stil geschrieben, der in der ganzen deutschen Literatur seines Gleichen sucht. Die vornehme Ruhe, die großartige Rundung desjenigen Goethe's fehlt ihm freilich, allein das sprüht und blüht, das zittert und funkelt, das schäumt und quillt so reizvoll, warm und mächtig, daß es uns mit sich fortreißt, wir mögen wollen oder nicht. Niemand kann sich dem Zauber dieses Buches entziehen. Von den jetzt Lebenden schreibt keiner mehr ein solches Deutsch, gerade so wie keiner mehr ein solches Buch schreibt. Bei ihr war der Stil ein Theil ihrer selbst. Aus dem kleinsten Sätzchen leuchtet der Wiederschein einer Natur hervor, die ganz anders ist als alle um sie herum. Keine Reminiscenz ist da zu finden, alles ist originell, höchstens hin und wieder einmal ein Anklang an den Schriftsteller, der ihr nächst Goethe der liebste war, Hölderlin. Sie war auch von unermüdlichem Fleiß und feilte und schnitzelte fortwährend an Stil und Sprache, bis sie ihnen die nöthige Glätte und vor allen Dingen den Anschein des Natürlichen, Ungezwungenen verliehen hatte. Nur mit Orthographie und Interpunktion, den schwachen Seiten des weiblichen Geschlechtes, hatte es auch bei ihr seine kleine Noth. Der Factor der Druckerei von Trowitzsch und Sohn, Herr Klein, der ein alter Freund ihres Hauses war und ihr späterhin noch manchmal in buchhändlerischen Angelegenheiten gute Dienste leistete, mußte ihr, wie sie selbst mit der größten Offenheit berichtet, orthographische Fehler verbessern und Kommata und Punkte besorgen „und bewies bei meinem wenigen Verstand in diesen Sachen viel Geduld“. —

Als Bettina zum ersten Mal öffentlich von dem Plane dieses Buches sprach, stieß sie bei ihren Verwandten auf den größten Widerstand. Namentlich Savigny's boten Alles auf, das Erscheinen desselben zu verhindern. Man fürchtete bei Bettina's Natur unliebsame Eröffnungen. Und eine Frau in diesem Alter wollte anfangen zu schriftstellern! Der Erfolg erst mußte ihr Recht geben. Er war ein gewaltiger. Ihr Name drang in jedes Ohr, jeder Gebildete führte ihn im Munde, sie war mit einem Schlage zu einer literarischen Berühmtheit ersten Ranges emporgewachsen, und ihre Freunde staunten fast über die neue Größe, die sich auf einmal neben ihnen erhoben hatte. Einem Alexander von Humboldt war das Buch beständige Lektüre, er nahm es mit sich auf seine Reisen in ferne Länder. Immer neue Menschen drängten sich an sie heran, um ihre Bekanntschaft zu machen, ihr begeisterte Huldigungen darzubringen und dem Gespräche derselben Lippen zu lauschen, die einst Goethe berührt hatte. Unter den neuen Menschen, mit denen sie in Verkehr trat, war auch Philipp, der Sohn des berühmten Landwirths Nathusius auf Alt-Haldensleben bei Magdeburg, zu dem sie in intime persönliche Beziehungen trat. So brauchte sie nicht zu bedauern, erst in ihrem fünfzigsten Jahre als Schriftstellerin aufgetreten zu sein, denn das gütige Geschick warf ihr die Lorbeerkränze, die sie bisher zu pflücken versäumt hatte, nun mit einem Male alle in den Schooß.

Sicher ist, daß an diesem ungeheuren Erfolge des Buches der wahrhaft poetische und neue Gehalt und die vortreffliche Darstellung den größten Antheil hatten. Die Welt ist für jedes Schöne und jedes Neue empfänglich, und ist es doppelt, wenn ihm Beides in einer Leistung vereinigt geboten wird. Doch eine Hauptanziehungskraft des Werkes lag in dem Namen Goethe's überhaupt, mit dem es sich schmückte. Es war die erste, zeitgemäße, umfangreichere, ernst zu nehmende Publikation über den entschlafenen Dichterfürsten, es brachte Briefe und Lieder von ihm, zum ersten Mal trat der Versuch, ein Bild seiner literarischen Bedeutung und seiner Persönlichkeit zu entwerfen, in umfassender Weise von einer namhaften Seite aus, von einer Person, die ihm nahe gestanden, vor das Publikum. Dies hätte allein schon genügt, dem Buche zahlreiche Leser, viele Bewunderer zu verschaffen. So groß war das Aufsehen, welches es in den ersten Jahren erregte, daß die ganze Welt sich blenden ließ, daß auch nicht

5*

Einer auf den Gedanken einer vorliegenden Vorspiegelung oder einer Umgestaltung der Wahrheit kam, sondern Jeder auf die Echtheit des Briefwechsels schwor. Als es dann nach Jahren an's Tageslicht kam, daß die veröffentlichten nicht die wirklich gewechselten Briefe seien, als Riemer, Lewes und Andere heftige Angriffe auf die Dichterin richteten, erhob sich allgemein ein Sturm der Entrüstung gegen Bettina, der in leicht begreiflicher Weise weit über die berechtigten Grenzen hinausschoß. Bettina selbst mag schon bei der Veröffentlichung einzelnen Freunden, z. B. den Grimm's, die Wahrheit nicht verhehlt haben, der Welt gegenüber aber hielt sie die Fiktion stets aufrecht. Hatte sie doch in der Vorrede gesagt: „Während ich beschäftigt war diese Papiere für den Druck zu ordnen, hat man mich vielfältig bereden wollen, manches auszulassen oder anders zu wenden, weil es Anlaß geben könne zu Mißdeutungen ... Unter den vielen Rathgebern war nur einer, dessen Rath mir gefiel, er sagte: ‚Dies Buch ist für die Guten und nicht für die Bösen; nur böse Menschen können es übel ausdeuten, lassen Sie alles stehen, wie es ist, das giebt dem Buch seinen Werth ....‘ Dieser Rath leuchtete mir ein ....“ Und an Frau Görres schrieb sie: „Es enthält meine Herzensangelegenheiten mit ihm nackt und blos (vgl. oben) .... mein Freund, Dein Mann, soll so gut sein es mit kurzen Worten anzeigen, er soll ohne Complimente sagen: Jedermann soll das Buch kaufen, denn es ist schön. Wer das nicht findet, dem ist der Kopf vernagelt ....“ Und jetzt erfuhr man, daß das Buch ‚eine Fälschung‘, daß die Briefe Goethe's apokryph seien. Denn natürlich schüttete man das Kind mit dem Bade aus und nannte im übersprudelnden Zorn gleich das ganze Buch ‚zusammengelogen‘. Die Welt läßt sich ja gern und leicht Märchen aufbinden, aber wehe dem armen Erzähler, wenn sie dahinter kommt, daß sein Bericht ein Märchen gewesen. Nichts ist so schwer zu ertragen, als das schamvolle Bewußtsein, das Opfer einer Täuschung geworden zu sein. Selbst Männer wie H. Marggraff gingen so weit, die Briefe sammt und sonders für „unmöglich goethesch“ zu erklären. In vielen Journalen, Zeitschriften und gelehrten Werken wurde Bettina's Ehrenhaftigkeit mit scharfen Worten angegriffen. Sie schlug leider nicht den einzig richtigen Weg ein, sich zu rehabilitiren, nämlich die sofortige Veröffentlichung sämmtlicher Originalbriefe, sondern begnügte sich eine oder ein paar Stellen abdrucken zu lassen (so jene, welche sich auf den Kupferstecher L. F. Grimm bezog, in der Ersch und Gruber'schen Encyklopädie). Dies genügte natürlich nicht, sie vollständig zu rechtfertigen, ein Theil des Odiums blieb immer an ihr haften, man ging mit Mißtrauen an die Lektüre ihres Werkes und hatte alsdann selbstverständlich nur einen halben Genuß von demselben. So schadete sie durch jene halbe Aufklärung ihrer Person und ihrer Sache. In eine große Anzahl von Literaturgeschichten gingen heftige einseitige Verurtheilungen ihrer Persönlichkeit über, und namentlich die Goetheforscher waren schlecht auf sie zu sprechen. Und je weitere Fortschritte die Goethekritik machte, je mehr Licht sie in sein Verhältniß zu Bettina, seine Liebe zu Minna Herzlieb und Marianne trug, je genauer sie die Entstehungszeiten der einzelnen Sonette und der Divanslieder festzusetzen vermochte, desto unbarmherziger wurde das Urtheil gegen sie. Erst vor wenigen Jahren wandelte sich dasselbe, als (1879) Löper die Originalbriefe Goethe's an sie zugleich mit denen an ihre Großmutter veröffentlichte. Nun erfuhr man, daß sie die Correspondenz nur überarbeitet, nicht untergeschoben hatte, daß die meisten der Aenderungen formaler Natur waren, und auch wo sie die Sache betrafen, den Kernpunkt derselben nie veränderten. Nun begann man ihr wieder die Eigenschaften unter ihren andern Tugenden zuzuerkennen, die man ihr bisher abgesprochen hatte: die Pietät und die Wahrhaftigkeit. Aber leider war zu der Zeit, da ihre Ehrenrettung erfolgte, das Gedächtniß für die Schriften und die Person der schon längst Dahingeschiedenen bei weitem nicht mehr in dem Grade unter dem Publikum vorhanden, wie sie es verdiente.

Aber wir haben in der Lebensgeschichte Bettinen's

weit vorgegriffen, kehren wir wieder in die Mitte der dreißiger Jahre zurück. Eine Andre als Bettina wäre durch einen solchen Erfolg ihres Erstlingswerkes vielleicht übermüthig, zum mindesten stolz geworden. Sie kannte keinen Dünkel, sie blieb die Gleiche, die sie war, nur daß sie jede Anerkennung freute, wenn solche aus urtheilsfähigem Munde kam. Sie hatte nur ein Ziel: immer weiter zu streben, immer Größeres und Besseres zu schaffen, zu erreichen, als Schriftstellerin wie als Frau. Da gab es denn freilich viel für sie zu thun. Schon 1831 war sie während der in Berlin herrschenden Choleraepidemie mit dem niedern Volke, den Armen und Elenden, in Berührung gekommen. Milden, wohlthätigen Sinnes hatte sie es sich nicht nehmen lassen, als guter Engel in die Häuser der Leiden und des Jammers zu gehen, um dem Würgengel nach Kräften entgegenzutreten. Hier brachte sie Medicin, dort Nahrungsmittel, da Kleidungsstücke. Vor Ansteckungsgefahr, vor räuberischen Anfällen hatte sie nicht die geringste Furcht — das Wort existirte überhaupt nicht für sie, ebenso wenig wie der Tod für sie einen Schrecken hatte. Die kleine Frau besaß eine Energie, einen Muth, eine Beharrlichkeit, wie er wenigen Männern zu eigen war. Warnungen schlug sie in den Wind, und in Wirklichkeit hat sie nie unter den Folgen ihrer Wohlthätigkeit zu leiden gehabt. Ihr Herz war weit und umfaßte ihr ganzes Volk. Auch nach

Beendigung jener Epidemie ließ sie in ihrer Sorge nicht ab. Das Berliner Vogtland vor dem Hamburger Thor war die Stätte ihrer Wirksamkeit; dort, in den sogenannten Familienhäusern, hatte sich eine Colonie der niedersten Bevölkerung zusammengezogen, Armuth und Verbrechen herrschten daselbst. Dieser Gegend stattete sie regelmäßige Besuche ab, ihre liebsten Spaziergänge galten ihr. Unvermuthet trat sie in das erste beste Haus und sah nach dem Rechten, bald lieh sie einer Kreisenden ihre Hilfe, bald brachte sie einem Verwundeten oder Kranken Verbandzeug und Labung, einer darbenden Familie Geld, bald setzte sie einer armen Judenfrau eine Bittschrift an die Behörde auf. Da kannte sie keine Unterschiede der Confessionen, der Classen. Ihr graute vor keinem Verbrecher, denn in jedem Uebelthäter sah sie nur den um sein Recht betrogenen Paria, der wieder zum ordentlichen Menschen werden würde, wenn man ihm sein Recht gäbe. Die Erfolge, die sie erzielte, waren oft wunderbar, zahllosen Unglücklichen hat sie geholfen, sich in eine bessere Lage emporzuarbeiten. Unüberwindliche Liebe und unüberwindliche Thatkraft bezeigte sie auch hier, und durch die Vereinigung beider Eigenschaften mußte sie Großes leisten. Auch in dieser Hinsicht wird sie stets der Frauenwelt ein leuchtendes Vorbild sein.

Aber auch „in der Gesellschaft" war sie eifrig für die gute Sache, für die Sache der Freiheit und

Wohlfahrt thätig. 1837 erfolgte der Hannöversche Staatsstreich und die Amtsentsetzung jener sieben Göttinger Professoren, unter ihnen ihrer Freunde, der Gebrüder Grimm. Jetzt war sie in allen Kreisen, mit denen sie in Berührung kam, thätig, um die projektirte Nationalunterstützung für dieselben in Förderung zu bringen, und es gelang ihr, viele Säumige und Lässige zur Zahlung von Beiträgen zu bewegen und Gleichgiltige aus ihrer Lethargie aufzuraffen. Daß J. Grimm von seinem Plane, sich allein dem ‚Wörterbuche' zu widmen und auf die Lehrthätigkeit zu verzichten, abstand, ist völlig, daß der König die Brüder nach Berlin berief, zum Theil, allerdings nur zum Theil ihrer Agitation zu verdanken, ihren rastlosen Bemühungen bei all den Leuten, die mit dem Hofe in Verbindung standen. Sie hatte sehr viele Verbindungen mit dem Hofe: Humboldt, Savigny, besonders den Prinzen Waldemar. Vor allen Dingen aber wußte sie den damaligen Kronprinzen, späteren König Friedrich Wilhelm IV. für die Angelegenheit zu interessiren. Der Kronprinz schätzte Bettina sehr hoch und ihre schriftlichen Vorstellungen, die er freundlich beantwortete, bewirkten, daß er bald nach seiner Thronbesteigung im Jahre 1840 den Brüdern den Antrag auf Uebersiedelung nach Berlin stellte. Es mag auch edles, persönliches Interesse bei ihren Bemühungen mit untergelaufen sein, denn sie wußte, was ihr die

Brüder Grimm früher gewesen waren und was sie ihr jetzt bei ständigem Verkehr mit ihr sein konnten, auf welche Fülle neuer Ideen und Anschauungen sie zu hoffen hatte.

Der große, ungetheilte Beifall, welchen der „Briefwechsel mit einem Kinde“ gefunden und das Interesse, welches man namentlich in England an Goethe nahm, bestimmten die Verfasserin, denselben in einer englischen Uebersetzung erscheinen zu lassen. Da sie die Arbeit der Uebertragung Niemandem anvertrauen wollte, entschloß sie sich, dieselbe selbst zu besorgen. Es war dies eine ungeheure Arbeit, wenn man bedenkt, daß sie das Englische damals durchaus nicht vollständig beherrschte. Allein ihrer eisernen Willenskraft gegenüber waren keine Hindernisse vorhanden, sie eignete sich diejenigen Kenntnisse noch an, welche ihr fehlten, und so konnte das Buch schon 1838 in London erscheinen. Ihre Freunde, welche dem Versuche mit Kopfschütteln entgegengeblickt hatten, wie z. B. Varnhagen, mußten gestehen, daß keine andere Feder so getreu die eigenartigen Schönheiten des Originals und den wunderbaren Reiz der Sprache und Darstellung wiedergegeben hätten. Sie hatte sich nun einmal vorgenommen, die Welt ihrerseits mit jedem neuen Werk zu überraschen und staunen zu machen, und nie ist ihr ein Vorsatz an ihrer eigenen Schwäche gescheitert.

Dieses Bestreben, anders zu sein als alle Andern

oder vielmehr, anders zu scheinen, führte denn freilich auch manchen Uebelstand mit sich. Sie war von Originalitätssucht, von gesellschaftlicher Effecthascherei nicht frei. In dem Bemühen sich immer nur originell zu geben und keine Rücksichten gelten zu lassen, wurde sie oft brüsk und verletzend. Hatte doch schon Goethe, wie oben bemerkt, von ihr gesagt, sie könne Niemanden schonen. Sie sagte Jedem ihre Meinung auf den Kopf zu, ohne zu bedenken, wie der Andere dies aufnehmen würde. Nach Erscheinen ihres Königsbuches sprach sie einmal in größerer Gesellschaft davon, bald einen zweiten Theil folgen zu lassen. Ihr Schwager Savigny, schon damals Justizminister, suchte sie von dieser Absicht zurückzubringen. „Ja, ich muß dem König doch sagen, daß seine Minister Esel sind, und das kann ich nicht so in aller Kürze", entgegnete sie. Es machte ihr eine Freude, alle Welt zu necken, aber wehe dem, der sich ein Gleiches gegen sie erlaubte. Keinem Flehenden versagte sie ihre Hilfe, aber andererseits war auch kein Fehlender, den sie nicht angriff. Fremde Schwächen mit dem Mantel der Nächstenliebe zu bedecken, war ihr unmöglich, ihr Gerechtigkeitssinn sträubte sich dagegen. Aber dieser bewundernswerthe Gerechtigkeitssinn artete nur zu leicht in Nörgelei aus. Ihre besten Freunde stieß sie bisweilen vor den Kopf, so daß diese ganz irr an ihr wurden. Keiner, der einmal mit ihr in Berührung trat, hätte sich von ihrem wunderbaren Wesen nicht angezogen gefühlt und sie nicht bald lieb gewonnen, aber zeitweilig entfremdete sie sich Jeden. Allerdings besaß sie die große Kunst, durch eine kleine Schelmerei die Erzürnten zu versöhnen und fester als vorher an sich zu ketten, denn auf die Dauer vermochte ihr Niemand gram zu sein oder sich ihrer beinahe magnetischen Einwirkung zu entziehen. —

Bettina hatte durch ihr Goethebuch die als literarische Kunstform fast schon veraltete Form des Briefwechsels zu neuem Leben erweckt. Es war die ihrer ganzen Natur am meisten zusagende: sie konnte in derselben Alles aussprechen, was ihr auf dem Herzen lag; eine schematische Eintheilung des Stoffes, ein strict logisches Entwickeln eines Gedanken oder einer Reihe von Vorstellungen aus dem Vorhergehenden, war ihr unmöglich, die vollständigste Freiheit auch hier Bedürfniß. Nie wäre es ihr gelungen, eine den Kunstgesetzen gemäße Erzählung zu schreiben; das Element der romantischen Verachtung der geschlossenen Form, die brentano'sche Zerfahrenheit, die sie in anderer Beziehung durchaus nicht mit ihren Brüdern theilte, waren in dieser Hinsicht übermächtig in ihr. Im „Frühlingskranz“ findet sich eine merkwürdige, darauf bezügliche Stelle. Daselbst nämlich schreibt Clemens — angeblich — an sie: „Deine Briefe sind ja doch keine Kunstarbeit! oder kannst Du sie nur in gewissen Stimmungen hervorbringen?

Da doch so vieles darin sich noch ganz unenthüllt zeigt, vieles nur ahnungsweise anregt ..... Es ist etwas sehr Vortreffliches und Seltenes, Briefe zu schreiben, die blos die Geschichte des Herzens zum Gegenstande haben, ohne zu lügen ..... Der gebildete Mensch oder der empfindendere lebt ein doppeltes Leben, er lebt das gesellige praktische Leben seines Standes, seiner Familie, und lebt das Leben seines Geistes, seiner Begriffe, seiner Empfindungen. Jenes Leben ist gebunden und bestimmt durch seine Umgebung und den Punkt, auf den er in der bürgerlichen Welt gestellt ist; dieses aber hat das Universum, die Natur, und das eigne Gemüth zum Gegenstand, insofern es sich frei in sich selbst fortbildet, ohne daß das praktische Leben des Menschen darauf einwirke. Beides zusammen bildet seine Geschichte, die (wie sich diese beiden Leben in ihm mehr oder weniger bestimmen, aufheben oder durchdringen oder gegenseitig erhöhen) die Geschichte eines schwankenden einseitigen geschlossenen oder ewig fortstrebenden Gemüthes ist". — Und von den Briefen der Madame de Sevigné sagt sie, um allen Vergleichen vorzubeugen: „Diese an ihre Tochter geschriebenen Briefe sind ein eleganter Tanz der Seele auf dem Tanzplatz der höheren Welt, wo Alles ihrer Grazie bei jeder Wendung Beifall klatscht. — Ich werde nie in die Verlegenheit kommen, solche Briefe schreiben zu müssen". Aber in diesem freien, ungezügelten Walten=

lassen der eignen Phantasie und des literarischen Schaffenstriebes liegt sowohl ein Grund ihrer zeitweiligen kolossalen Erfolge wie des baldigen Versinkens ihrer Schriften in die Nacht der Vergessenheit. Das Ueberspringen der Kunstgesetze durch ein großes Talent kann wohl zu seiner Zeit die Neugier reizen, wie ja jedes kecke Aufstreben einer eigenartigen Natur, jedes „Strampeln gegen das Gesetz“ seine Bewunderer und Anhänger finden wird, auf die Dauer aber läßt sich das Urtheil der Welt dadurch nicht blenden, von ihrem alten, lieben, systematischen Wesen vermag die letztere auch schon aus Gewohnheit nicht abzulassen, und so werden schließlich die Werke des weniger bedeutenden aber formgerechteren Talents eine längere Dauer haben als die des größeren aber gestaltungsunfähigen.

Bettina aber fuhr fort in der Dichtform zu schreiben, welche ihrem Talent die angenehmste war. Im Jahr 1840 erschien „Die Günderode“. Caroline von G. war, wie schon oben bemerkt, jene poetische Herzensfreundin der jugendlichen Bettina, welche sich in die Fluthen des Main stürzte, als ihr Verhältniß zu dem Philologen Creuzer eine plötzliche Lösung erfuhr. Creuzer war ein häßlicher, verwachsener Mensch, und Caroline wollte dem Spott der Welt entgehen, daß nicht einmal solch ein Mensch ihr die Treue gehalten hatte. So oft Bettina von Frankfurt abwesend war, hatte sie mit Caroline einen eifrigen

Briefwechsel geführt. Wie immer an Thatsächliches anknüpfend bearbeitete Bettina diesen letzteren für die Veröffentlichung. Ganz frei aus ihrer Phantasie heraus dergleichen zu erfinden, war ihr nicht möglich, sie haftete trotz aller Schwärmereien immer am Reellen, nur daß sie dieses nicht darstellte, wie es gewesen war, sondern wie es hätte sein sollen oder können. So arbeitete und schuf auch Goethe, und gewiß lebte ein Funken seines Geistes auch in ihr — wie hätten beide ohne eine Spur geistiger Verwandtschaft einander so nahe stehen können? Allein ihr fehlte eben die Fähigkeit, ihre Vorstellungen und Gedanken zu concentriren oder besser gesagt um einen festen Faden krystallisiren zu lassen. In dem Briefwechsel mit der Günderode herrscht jedenfalls in noch weit höherem Grade die Fiction als in dem Goethebuch, die reellen Unterlagen derselben dürften sehr geringe sein. Dies ist aber in diesem Falle auch weit mehr zu rechtfertigen. Die Günderode war bei Erscheinen des Buches eine vergessene Persönlichkeit, ihr wahrer Charakter war der Welt eigentlich niemals völlig offenbar geworden, Bettina durfte sie daher nach ihrer Phantasie modelliren und ihr Züge leihen, welche sie niemals besessen, Goethe war eine historische, der ganzen Welt vertraute Persönlichkeit, und kein Dichter der Welt hat das Recht, einer solchen nach seinem Gutdünken Züge zu leihen, welche ihr allgemein bekanntes Bild bis zur Unkenntlichkeit veränderten. Um ein Beispiel aus der hohen Tragödie zu nehmen: die Jungfrau von Orleans mochte Schiller in einer Gestalt auftreten lassen, die ihm um der poetischen und theatralischen Wirkung nothwendig erschien, denn sie ist auch in der Geschichte, wenigstens für das große Publikum, noch immer eine halb räthselhafte Persönlichkeit, Wallenstein dagegen mußte in allem Wesentlichen dem historischen Bilde entsprechen, welches sich jeder Gebildete von ihm zu machen gewohnt ist.

Dazu kommt, daß die Günderode, obwohl der Titel sie nennt, doch in dem Buche völlig Nebenperson ist. Sie spielt nur die Rolle des Chors in der antiken Tragödie, sie macht ihre Bemerkungen zu den Monologen der Freundin, führt diese oftmals weiter aus, fordert sie zu neuen Mittheilungen auf und schreibt im übrigen fast genau denselben Stil und ähnliche Darstellungen wie Bettina. Die wirkliche Günderode war völlig anders, bei weitem nicht so receptiv und maßvoll, sondern leidenschaftlicher. Die Günderode dieses Buches hat, im Einzelnen wohl kaum, aber im Gesammtbilde vielleicht Manches, was als eine Reminiscenz an Bettinen's Freundin Rahel aufgefaßt werden könnte.

Der Inhalt des Buches ist sehr mannigfaltiger Art. Wieder läßt sie „ein ganzes Bilderbuch herrlicher Vorstellungen zierlich durch die Finger laufen; man erkennt im Flug die Schätze, und man weiß, was man hat, noch eh' man sich des Inhalts be- mächt'gen kann", wie im Goethebuch. Zum größten Theil sind es die Erinnerungen ihrer Kindheit und Jugend, welche das Buch enthält und zu dem der spätere „Frühlingskranz" ein Seitenstück bildet. Es gab eine Zeit in der deutschen Literatur, und sie ist noch gar nicht so lange entschwunden, da diese Jugend- erinnerungen als die schönste und echteste Poesie galten. Man möchte vielleicht nicht irren, wenn man diese Strömung bis auf Goethe's „Wahrheit und Dichtung" zurückführen wollte. Sie lag aber auch in der Zeit selbst. Die Dichter schöpften aus dem Born ihrer Jugenderinnerungen, jeder berühmte und mancher unberühmte Mann wurde veranlaßt, die seinen zu berichten, herauszugeben — man erinnere sich nur an die Erfolge, die seinerzeit Bogumil Goltz in dieser Richtung erzielte — während gleichzeitig auf andern Gebieten des deutschen Culturlebens, namentlich in der Wissenschaft, sich das Bestreben kund gab, neue An- regungen, neue Ideen aus dem Studium der Kind- heit unseres Volkes zu gewinnen. Wie in der Literatur nichts für poetisch galt, was sich nicht auf die Kind- heit bezog oder wie man wenigstens die Kindheit des Menschen die Poesie des Lebens nannte, die später- hin von den täglichen Kämpfen und Sorgen ver- nichtet werde, so galt nur das für groß und schön, was vor wenigstens 600 Jahren geschehen war und existirt hatte, die Uranfänge der deutschen Sprache, der deutschen Literatur, der deutschen Justizpflege wurden Gegenstände des eifrigsten Studiums. So sehen wir Bettina auch hier im Strome ihrer Zeit schwimmen, sehen sie trotz aller Verschiedenheit im Grunde eine Richtung wie viele ihrer Freunde, z. B. die Brüder Grimm verfolgen. Wir von heute nehmen freilich jenen Standpunkt nicht mehr ein; obwohl wir den poetischen Reiz der Jugend ebensowenig läugnen als die Wichtigkeit und den Werth der historischen Studien, empfinden wir doch, daß gerade die Kämpfe und Sorgen des Mannes, sein Hinausstreben über das Alltagstreiben die höchste Poesie, und die Vervollkommnung der Verhältnisse des modernen Staates, die immer weitere Ausbildung der modernen Cultur das höchste Ziel der Wissenschaft ist.

Den Inhalt eines Buches der Bettina genau anzugeben ist schwer, ja unmöglich, man könnte eben so gut den vollständigen Gang einer Sinfonie in Worten wiedergeben wollen. Wollte man ihn graphisch darstellen, etwa auf einem Schachbrett, dessen einzelne Felder die Bezeichnungen aller möglichen Species aus allen literarisch zu verwerthenden Gebieten trügen, ihr Ideengang würde den tollsten aller Rösselsprünge geben, dessen verschlungene Linien geradezu sinnverwirrend wirken müssten. Dennoch läßt sich der Inhalt wie gewöhnlich bei Bettina in zwei große Abtheilungen sondern, in eine biographische und eine philosophische, deren verschiedene

Abzweigungen nach Kräften in größter Verwirrung durcheinander geschüttelt sind. So auch in der Günderode. Erzählung und Reflexion wechseln fortwährend mit einander ab. Jene enthält, wie schon angedeutet, ihre Lebensgeschichte aus den Jahren 1804—6. Die Darstellung macht im Ganzen den Eindruck vollständiger Glaubwürdigkeit, nur hin und wieder fühlt man das später Hinzugedichtete heraus. Wieder zeigen sich — da ihre Darstellung stets halb malerisch und halb musikalisch ist, so ist der Ausdruck erlaubt — Landschaft und Genre, Sonate und Rêverie als ihre eigentlichen Fächer, in denen nur wenige vor und nach ihr sie übertreffen dürften. Wir sehen sie in Schlangenbad, in Marburg, in Offenbach. Wir erklimmen mit ihr die Höhen des Taunus, liegen an schönen Sommertagen unter schattigen Bäumen, athmen den süßen Duft der Blumen ein und freuen uns der Bienchen, die uns rings umsummen und Honig aus tausend Blüthenkelchen saugen. Wir sehen das übermüthige Kind in den Ruinen aus der grauen Vorzeit, die droben auf den Bergen stehen, umherklettern, furchtlos an schwindelnden Abgründen vorbei, die steilsten Felszacken hinauf, wie ein wilder Knabe, nicht wie ein gesittetes Mädchen. Wir sehen sie ihren Studien nachhängen, aber wir hören ihre Geständnisse, daß es ihr unmöglich sei, methodisch zu lernen oder logisch über etwas nachzudenken. „Ich strecke wie ein Krebs meine Scheeren aus dem seichten

Grund meiner Wahrnehmungen und packe, was ich zuerst erwische, um mich aus dem eignen Unverstand loszuwinden.“ Dann finden wir sie wieder in Offenbach im Hause ihrer Großmutter Sophie Laroche, in dem Kreise der französischen Emigranten, welche sich aus Haß gegen den ‚Tyrannen‘ Napoleon über den Rhein geflüchtet haben, wir begreifen, wie bei diesem Umgang sich die freiheitlichen Gedanken, die Principien der französischen Revolution in ihrem kleinen Köpfchen festsetzen mußten. Die Macht derselben ist so stark, daß selbst der Siegerruhm Napoleons sie nicht blenden konnte, auch für späterhin nicht. Sie war eine Feindin seines Namens und ließ sich durch die Vergötterung der ganzen Welt, die nach seinem Tode noch stärker war wie bei seinen Lebzeiten, nicht irre machen. Die Stelle des Buches, welche ihr merkwürdig selbstständiges Urtheil über ihn enthält, lautet: .... „Deine fatale Idee, als habe ich eine närrische Ehrfurcht vor dem Napoleon, peinigt mich. Das Roß des Uebermuths tobt unter ihm, es setzt in wildem Feuer über Abgründe und durchfliegt in stolzem Selbstgefühl die Ebene, um über neue zu setzen, dahin eilt er, an den Zeiten vorüber, die umgewandelt sich nicht mehr erkennen.“ Nun berichtet sie, welch’ unauslöschlichen Eindruck die Kunde von der Ermordung des Herzogs von Enghien auf sie und den Kreis um Sophie Laroche in Offenbach gemacht habe. „Meinst Du, ich könnte je von dem dem Unrecht Erliegenden mich lossagen und auch nur in Gedanken übergehen zu dem Unrecht, das vor der Welt Recht behält? Ich fühle, es liegt größere Freiheit darin, mit dem Unterdrückten die Ketten tragen und schmählich vergehen, als mit dem Unterdrücker sein Loos theilen. Was ist mir Talent, das seine Bahn bezeichnet mit Friedensbruch und Meuchelmord? . . . Der da! — eine schwindelnde Eingebildheit, ohne Scham, ohne Gefühl! Den Gekrönte und Ungekrönte wie Frösche umhüpfen, der von allen Schwächen hin- und hergezerrt, seine Abkunft verläugnet, sich um ein paar silberne Sterne im Wappen streitet, alle Franzosen wahnsinnig macht, der vergiftet, erdrosselt, erschießt, seiner Brüder Familienbande zerreißt, für den der Taumel des Volks sich erhält, weil ihm alle Frechheiten glücklich ablaufen! und dann meinst Du, ich fühle eine Neigung zu diesem Treiben?“ Sie erzählt, daß sie just die römische Cäsarengeschichte gelesen. „. . . . und siehe, bis auf den kleinsten Zug ist es immer wieder derselbe ungerechte, eigennützige Heuchler, immer dasselbe Ungeheuer der Mittelmäßigkeit; kein Trieb zum wahren Geist, keine Sehnsucht, die Weisheit als Aegide seiner Handlungen aufzustellen, kein Verstand von dem Pflanzenboden der Künste und Wissenschaften, noch wie der Mensch sich erzieht; sogar gegen alles Selbstgefühl ohne innere Zucht, fährt er mit ungesitteten Spottreden heraus, und da schreit

Alles: Er hat einen Stern!“ In der That hat sich Bettina auch nach der ‚Günderode‘ ebenso wenig durch die Erfolge des dritten Napoleon von ihrer Meinung über sein ganzes Geschlecht zurückbringen lassen, als ihr Freund Varnhagen, der von Napoleon III. stets nur in den unehrerbietigsten Ausdrücken sprach und schrieb.

Eine entzückende Idylle ist jene Darstellung ihrer Beziehungen zu dem alten Trödeljuden Ephraim, den sie im Hause ihrer Verwandten kennen lernt, als er gerade anwesend ist, um alte Kleider einzuhandeln. Sein patriarchalisches Aussehen, sein würdevolles Betragen fesseln sie mächtig. Als er das Haus zu verlassen im Begriff steht, knüpft sie ein Gespräch mit ihm an, es stellt sich heraus, daß Ephraim in den Wissenschaften wohl erfahren ist und nur aus Noth, um seine Enkel zu ernähren, diesen mühseligen Beruf ergriffen hat. Beide finden an einander Gefallen, sie an seinen klugen, milden Anschauungen, er an dem frischen, muntern, gescheidten Wesen des Mädchens. Sie fordert ihn auf, wiederzukommen, er wird ihr Lehrer in der Mathematik und Philosophie. Aber ganz heimlich muß sie mit ihm zusammen kommen, denn ihre Verwandten, Savigny's an der Spitze, bei denen sie schon wegen ihrer Seltsamkeiten verschrieen ist, hätten einen solchen Verkehr mit dem verachteten Juden niemals geduldet. Jene Beiden gewinnen einander förmlich lieb, er sendet ihr zum Zeichen seiner Verehrung einen herrlichen blühenden Rosenstock. Aber die unaufschiebbare Stunde der Trennung schlägt, und da sie hört, daß Ephraim krank sei, besucht sie ihn in seiner Behausung, bringt ihm den Rosenstock zurück und heißt ihn die Blumen den Studenten übergeben, welche oft — vermuthlich zum Zwecke geschäftlicher Transactionen — zu ihm kommen. Damit schließt das Buch; es mag viel Dichtung an jener Geschichte sein, so wie sie vorliegt, ist sie eine in ihrer Einfachheit und Lieblichkeit entzückende Skizze. Mit dem Schluß, der Huldigung an die Studenten, von denen sie das Heil Deutschlands, die Aufrichtung des Tempels der Freiheit erwartete, knüpfte sie zugleich geschickt und echt künstlerisch an den Anfang des Buches, die Widmung, an. Dieselbe war an die Adresse der Studenten gerichtet. Wir geben das kurze stilistische Meisterwerk, welches den Charakter der Schreibweise Bettinen's treu darstellt, hier wieder.

„Den Studenten.“

— „Die Ihr, gleich goldnen Blumen auf zertretenem Feld, wieder aufsprosset zuerst! In fröhlichen Zukunftsträumen der Muttererde huldigt, harrend voll heiligen Glaubens, daß endlich Eurer Ahnung Gebild vollende der Genius, und Fesseln der Liebe Euch umlege und großer Männer Unsterblichkeit in den Busen Euch säe. —

Die Ihr immer rege, von Geschlecht zu Geschlecht, in der Noth wie in des Glückes Tagen auf Begeistrungspfaden schweift; in Germania's Hainen, auf ihren Ebenen und stolzen Bergen, am gemeinsamen Kelch heiligkühner Gedanken Euch berauschend, die Brust erschließt, und mit glühender Thräne im Aug', Bruderliebe schwört einander, Euch schenk' ich dies Buch.

Euch irrenden Suchenden! Die Ihr hinanjubelt den Parnassos, zu Kastalia's Quell, reichlich der aufbrausenden Fluth zu schöpfen den Heroen der Zeit, und auch den Schlafenden im schweigenden Thal, schweigend, feierlichen Ernstes die Schale ergießt.

Die Ihr Herrmann's Geschlecht Euch nennt, Deutschland's Jüngerschaft! — Dem Recht zur Seite, klingenwetzend der Gnade trotzt; mit Schwerterklirren und der Begeisterung Zuversicht, der Burschen Hochgesang anstimmt:

„Landesvater, Schutz und Rather!"

mit flammender Fackel, donnernd ein dreifach Hoch dem Herrscher, dem Vaterland, dem Bruderbunde jauchzt, und:

‚Strömen gleich, zusammenrauschet in ein gewaltig Heldenlied!'

Ihr, die Ihr mit Trug noch nicht nach nichtiger Hoffnung jagtet! — Wenn der Philister Thorengeschlecht den Stab Euch bricht, so gedenket, Musensöhne! daß ihre Lärmtrommel des leuchtenden Pythiers Geist nicht betäubt; keine Lüge haftet an ihm, keine That, kein Gedanke! Er ist wissend! und lenkt, daß unberührt von des Gesetzes Zwang, schnellen feurigen Wachsthums, das Göttliche erblühe, und in der Zeiten Wechsel ein mildes Gestirn schützend über Euch hinleuchte."

Um den dithyrambischen Ton nicht mißzuverstehen, muß man sich freilich erinnern, daß damals die Studenten eine Macht im Staate waren, ein Faktor, mit dem gerechnet werden mußte, die geistige Knospe der Nation, von der man späterhin alles Heil für den Staat erwartete, die eifrigsten Vorkämpfer für den Freiheitsgedanken. Heutzutage würde es Niemandem mehr einfallen, so von ihnen und zu ihnen zu sprechen.

Vortrefflich hat Bettina in ihrem Buche neben dem fröhlichen Behagen und dem kecken Muthwillen auch das sehnsuchtsvolle Sinnen und sinnvolle Sehnen einer unerschlossnen Mädchenseele dargestellt, die von Andern verstanden sein möchte, noch ehe sie sich selbst versteht. Ein Leben liegt vor ihr und der innere Drang, es nicht umsonst dahinzuwandeln, aber Ziel und Weg sind noch in nebelgraue Dämmerung gehüllt: „Was ist's"? ruft sie aus. — „Es wird mich schon erziehen; Thränen wird's geben, das weiß ich wohl, aber auch Lust, so ist's immer, wo Schönheit reifen soll, und das ist Alles, was ich verlang' vom Schicksal, es soll mich scheiden vom Schlechten, es soll keine Sünd' in mir dulden — in meinen unaufhörlichen Träumen nur möcht' ich eine Vollendung empfinden — der Liebe, der Schönheit — das ist mein Ziel, und mein Geist strebt eine Natur da heraus zu finden, indem ich dem Schönen fortwährend begegne. Das ist's und nichts anderes. Und Alles, was ich erfahre von der Kunst, von Poesie und Wissen, das schlägt an wie Echo in den unbekannten Tiefen meiner Brust, da erschreck' ich, daß es doch wohl wahr sein möge, was manchmal nur wie Traum in mir wogt, da toben alle Pulse von Hoffnung, es sei ein Doppelleben, was wirklich auch Doppelliebe haben kann, und daß, wenn ich heiß mich sehne, verstanden zu sein, daß ich dann verstanden sei — wo? — wie? — ach, was weiß ich! — vom Nebel, der dort flattert, vom Wind in der Ferne, vom letzten Lichtstreif, wenn die Nachtkuppel schon sich senkt über mir — kurz, ich weiß nicht, Alles was ich anseh', das möchte Geist haben, liebenden Geist — wahrlich, sonst thut mir's Unrecht. Welche Wege übernehme ich doch? Welche Gefahren besteh' ich im Geist? — — Da schwimm ich im Dunkel in uferlosen Fluthen, eine Woge stürzt mich auf die andere, aber ich vertrau', und eine Stimme in mir, daß ich dem Genius zu Lieb' so kühn bin. — O! das lebendige Feuer — und trotz dem Stürmen halt' ich die Palme hoch, und eile dem leisen Schein des Morgenroths entgegen, weil das Er selber ist".

Sie will das Leben genießen aber in höherem als dem gemeinen Sinne, sie will empfangen, was es bieten kann, Gutes wie Böses. Ihr graut nicht vor dem Bösen, denn ihr bedeuten jene Begriffe ganz etwas anderes als der gemeinen Menge. „Die Sünde ist eine Gnade Gottes“, rief sie späterhin im Königsbuche aus, sofern sie nämlich den Geist überhaupt nur aus seiner Lethargie emporreißt. Was tödtet, das ist allein das Stagniren, das Beharren in alten Vorurtheilen, veralteten Anschauungen; jedes Fortschreiten, sei es auf diesem, sei es auf jenem Wege, führt bald oder spät schließlich doch zum Heile. Das Göttliche in uns ist nicht die Ruhe, sondern die Bewegung. Die Ruhe, das Haftenbleiben ist im Gegentheil das Böse, der Teufel sozusagen. „Gott sei die Poesie, hab' ich in meinem letzten Brief gesagt, und die Weisheit, sagen die Kirchenväter, ich hab's geläugnet und gesagt, Gott sei die Leidenschaft. Die Weisheit, die kommt ihm zu gut, das Leidenschaftsall zu bestehen, aber sie ist nicht er selber. Meine Gründe: was sollte Gott mit aller Weisheit, wenn er sie nicht anbringen kann? Wenn aus allem, was geschaffen ist, sich Neues erzeugt, wenn keine Gewalt, keine Kraft überflüssig ist, sondern grad' um ihrer höchsten Entwicklung willen sich ewig selbst anregend steigern muß, so kann die Weisheit Gottes nicht selbst die Händ' in den Schooß legen wollen ..... Unser Geist ist feuermächtig, er soll sich selbst anfachen; wir haben die Leidenschaft, sie soll im Geistesfeuer gen Himmel steigen zum ewigen Erzeuger, in seiner Leidenschaften Gluth mit allem übergehen. Nicht umsonst steigt in der Leidenschaft der mächtige Hauch der Unsterblichkeit auf, jeder Hauch, jeder Blick soll ewig währen, das sagt eine innere Stimme. Alles was mich entzückt ... dem schwör' ich ewige Treue!"

Auf den Fittigen des Geistes und der reinen Leidenschaft will sie sich hinausschwingen weit über das gemeine Erdenleben, in das Reich der Freiheit, des Ideals. „Wenn Dich eine höhere Vorstellung durchdringt von einer Menschennatur, so zweifle nicht, daß dies die wahre sei, denn Alle sind geboren zum Ideal, und wo Du es ahnst, da kannst Du es auch in ihm zur Erscheinung bringen, denn er hat gewiß die Anlage dazu! Wer das Ideal leugnet in sich, der könnte es auch nicht verstehen im Andern, selbst wenn es vollkommen ausgesprochen wär'. Wer das Ideal erkannte im Andern, dem blüht es auf, selbst wenn jener es nicht in sich ahnt." —

Aber neben dem Flug in jene Regionen vergißt sie auch die irdischen Angelegenheiten keineswegs. Namentlich ist es wie überall die Judenemancipation, für die sich auf's Lebhafteste interessirt und die in allen ihren Schriften einen großen Raum einnimmt. Da findet sich neben vielem Verworrenen auch mancher sehr vernünftige Gedanke und manche Bemerkung, die auf die vormärzlichen Zustände in der freien Reichsstadt Frankfurt im Besondern und im lieben Deutschland im Allgemeinen manch' eigenthümliches Licht wirft, manches Wort, das damals auszusprechen viel Muth erforderte.

„ ... Der Molitor hat mir einen Erziehungsplan geschickt von Herrn Engelmann; weil ich so gern mit ihm in die Musterschule ging, muß er glauben, Erziehung interessire mich überhaupt; das war aber nur wegen der armen Judenkinder, die dort mit den Christen zusammen ihr kleines Fleckchen Antheil an menschlicher Behandlung hatten, und wenn ich sagen soll, so schien mir dies allein eine Erziehung, nämlich: Kinder gleichen Alters, gleicher Fähigkeiten früh dran zu gewöhnen, daß sie auch gleiche menschliche Rechte haben, sie mögen Juden oder Christen sein ..." Was waren das für Zeiten, in denen man Derartiges noch fordern mußte! Wie gewaltig sind wir vorwärts geschritten in den letzten Decennien! Das ist ein nicht hoch genug zu schätzender Nutzen, den die Lektüre solch' „veralteter Bücher" gewährt, daß sie uns belehrt, wie viel doch in unsern als geistig unproduktiv verschrienen Zeiten zum Vortheil der Cultur und der Aufklärung geschehen ist, daß sie uns die Achtung vor uns selbst wiedergiebt und den Muth, rüstig auf dem betretenen Pfade im Dienste der Menschheit weiter fort zu schreiten. Man kann dergleichen nicht oft genug wieder lesen, um, ohne in Selbstüberschätzung zu verfallen, doch besser denken zu lernen vom Zeitalter der Epigonen, das, so sehr man es ihm auch bestreitet, doch eigene und neue Ideen siegreich durchgeführt hat.

Auf Bettina's Gedanken über die Kunst wollen wir hier nicht näher eingehen. Zumeist ist es wieder die Musik, über welche sie schreibt, als diejenige Kunst, die ihr am nächsten steht. Sie ist ihr die höchste aller Künste. „Ueberhaupt, was seelenberührend ist, das ist Musik, das hab' ich schon lang in mir erfahren, denn es kann nichts die Sinne rühren und durch diese die Seele, als nur Musik; was dich bewegt, giebt Klang, der weckt seine Mittöne, die rühren das Echo doppelt und allseitig, und die ganze Harmonie erwacht — und zwischen dieser durch wandelt der Gedanke und wählt sich seine Melodie und offenbart sich durch die dem Geist. . . . . . Musik ist sinnliche Natur der Geistesallheit. Wir möchten wissen, was Musik ist, die so fühlbar ist und doch so unbegreiflich das Ohr rührt und dann das Herz und dann den Geist weckt, daß der tiefer denke. Sie ist die sinnliche Geistesnatur; aller Geist ist sinnenbewegter Leib des Geistigen, ist also auch Musik, drum sind Gedanken in der Musik unwillkürliche, sie erzeugen sich in dieser Sinnenregung der Seele.“ So hat denn auch ihre Sprache etwas Musikalisches, man kann beinahe von ihrer Schreibweise sagen, sie habe Rhythmus aber nicht Stil, und sie componire ihre Schriften mehr, als sie sie durchdenke. Ihre Sprache hat, noch mehr als in dem Briefwechsel mit Goethe, in der Günderode etwas Berauschendes, man wird eigenthümlich von dem Klange und Tacte derselben ergriffen, auch wenn man nur darauf hört und nicht dem Ideengang Beachtung schenkt. So vertheidigt sie sich auch dagegen, daß sie in Prosa, nicht in Versen schreibt. „Ich dacht' an das Versemachen, wie seltsam das ist, wie in dem Gefühl selbst ein Schwung ist, der durch den Vers gebrochen wird, ja wie der Reim oft gleich einer beschimpfenden Fessel ist für das leise Wehen des Geistes. Belehr' mich eines Bessern, aber ist es nicht wahrscheinlich, daß Reim und Versmaß auf den ursprünglichen Gedanken so einwirke, daß er ihn verfälscht?" Und ein andermal: „Der größte Meister in der Poesie ist gewiß der, der die einfachsten äußeren Formen bedarf, um das innerlich Empfangene zu gebären, ja dem die Formen sich zugleich mit erzeugen im Gefühl innerer Uebereinstimmung." Wenn man Bettinen's Werke, besonders die Günderode, laut liest, so kommt man erst zu der Ueberzeugung, daß an rhythmischer und Klangschönheit die deutsche Sprache weder hinter der italienischen noch irgend einer andern der Welt zurückbleibt. Die Eigenschaft der musikalischen Sprache theilt Bettina mit ihrer Freundin Günderode. Man lese einmal laut das folgende, in dem Buche unter vielen andern als von der Günderode herrührend, abgedruckte Gedicht:

„Ist Alles stumm und leer,
Nichts macht mir Freude mehr,
Düfte, sie düften nicht,
Lüfte, sie lüften nicht,
Mein Herz ist schwer.

Ist alles öd' und hin,
Bange mein Geist und Sinn,
Wollte, nicht weiß ich was —
Jagt mich ohn' Unterlaß —
Wüßt ich wohin?

Ein Bild von Meisterhand
Hat mir den Sinn gebannt;
Seit ich das Holde sah,
Ist's fern und ewig nah
Mir anverwandt.

Ein Klang im Herzen ruht,
Der noch erfüllt den Muth,
Wie Flötenhauch ein Wort
Tönet noch leise fort,
Stillt Thränenfluth.

Frühlinges Blumen treu
Kehren zurück aufs Neu,
Nicht so der Liebe Glück,
Ach, es kommt nicht zurück —
Schön, doch nicht treu.

Kann Lieb so unlieb sein,
Von mir so fern, was mein?
Kann Lieb so schmerzlich sein,
Untreu so herzlich sein?
O Wonn', o Pein!

Phönix der Lieblichkeit,
Dich trägt dein Fittig weit
Hin zu der Sonne Strahl —
Ach, was ist dir zumal
Mein einsam Leid?

Was poetische Imagination vermag! Dieses Gedicht — wenn anders es wirklich von der Günderode und nicht von Bettina herrührt — ist an Creuzer, den buckligen, rothhaarigen Menschen gerichtet, der als „Phönix der Lieblichkeit" besungen wird. Aber dies beweist eben, daß Caroline bei all ihren Schwächen, ihrer Nebelhaftigkeit, ihrem Spielen mit der Musik des Wortes, doch echtes Dichterblut in den Adern hatte. Es dürfte wenige Gedichte im „Liebesfrühling" oder in „Frauenliebe und Leben" geben, die sich mit dem obigen messen könnten. Ueberhaupt ruht in den Poesien der Günderode unter vielem Wust ein poetischer Schatz, der einer Wiederausgrabung durchaus nicht unwürdig wäre.

Die Günderode erschien 1840. Ein neues Buch der Verfasserin des Briefwechsels mußte natürlich das größte Aufsehen allenthalben erregen. Das Buch wurde verschlungen und bis in den Himmel erhoben.

Wir haben ja gesehen, wie Bettina, halb in kluger Berechnung, halb in dunklem Drange stets dasjenige zu ergreifen und darzustellen wußte, was in der Zeit lag. Stets actuell zu sein und doch nie die ewigen Interessen der Menschheit aus dem Spiel zu lassen, war ja zu allen Zeiten das Geheimniß des Erfolges der Schriftsteller und ihrer Bücher. Bettina verstand, mit ihren Schriften nie zu spät und nie zu früh, sondern immer gerade zur rechten Zeit zu kommen, das war es, was zum größten Theil die Wirkungen des Goethebuches, der Günderode und wie wir sogleich sehen werden, auch des Königsbuches veranlaßte. Dies bezeichnet allerdings die Grenzen ihrer Erfolge, sie hatte sich alsdann überlebt und blieb bei ihren alten Ideen stehen, ohne mit der Zeit weiter fortzuschreiten. Auch die Widmung an die Studenten war höchst zeitgemäß; die Sympathie und die Hoffnung aller Gebildeten stand damals bei ihnen. Natürlich war auch infolge der Widmung und der mannichfachen anderen Huldigungen im Texte der Erfolg des Buches bei diesen am größten, sie brachten der Dichterin einen Fackelzug und feierten sie durch zahlreiche Lieder und Gedichte. Hierdurch, durch ihren alten Ruhm als Goethegeliebte und durch den Ruf, den ihr philanthropisches Wirken ihr allenthalben verschafft hatte, war sie in jenen Zeiten eine der populärsten Persönlichkeiten der Residenz, ihre Wohnung, zuerst Unter den Linden 21, dann Zelten 8, war das ständige Stelldichein jener vornehmen geistigen Gesellschaft, deren Namen und Bedeutung wir schon oben kurz angeführt haben. Mit Grazie und Tact waltete Bettina als die Egeria dieses Kreises, und die in den Fünfzigen stehende Frau entwickelte eine Liebenswürdigkeit und Munterkeit, welche die jüngsten ihres Geschlechts beschämen und neben ihr alt und unbehilflich erscheinen lassen mußte. Und auch darin war sie ihrem großen Freunde Goethe nicht unähnlich, daß die Zeit über ihr Antlitz nur geringe, über ihr Herz gar keine Macht besaß, daß sie für körperliche und geistige Schöne noch ebenso flammen und glühen konnte, wie in ihren jüngsten Tagen. Große und einschneidende Ereignisse zeichnen den Gang ihres Lebens während dieser Jahre in keiner Weise aus, und doch war derselbe vielleicht im Kleinen und Einzelnen nie so bewegt gewesen. Aber der Berichterstatter befindet sich in Verlegenheit, wenn er ausführlicher über diesen Theil ihres Lebens reden soll. Am besten vergleicht er ihn mit einer Saite, die, berührt, einen hellen, weithin klingenden Ton von sich giebt, während sie dem entfernten Auge unsichtbar in tausend Schwingungen erzittert. So haben auch tausend kleinere Vorkommnisse Bettinen's Leben in jener Zeit ausgefüllt, aber aus der Entfernung erscheinen sie zusammen wie ein großes, freudiges Dahinleben, in tausend Schwingungen hat ihre Brust erbebt, aber sich nur in einem Klang von dauerndem

Nachhall*) geäußert: in dem „Königsbuche‘ (1844). Nur Jemand, der auf der Höhe seiner Zeit, unangreifbar durch die Reinheit seiner Absichten, geschirmt durch seine engen Beziehungen zu der einflußreichen Gesellschaft stand, durfte es damals wagen, ungestraft solch ein Buch in die Welt zu senden, denn in demselben trat Bettina dem Absolutismus wie eine Macht der andern gegenüber. Und andererseits ist wieder der Umstand, daß sie in ihrer hohen gesellschaftlichen Stellung ein solches Buch veröffentlichte, das ehrenvollste Zeugniß für ihren Muth und die Lauterkeit ihrer Absichten. Das Merkwürdigste an diesem Buche bleibt freilich immer, daß eine Frau es geschrieben. Die Frauen bei uns in Deutschland haben von der Vorschrift, in politischen und kirchlichen Dingen zu schweigen, stets den gehorsamsten Gebrauch gemacht. Man bedarf nicht die Finger beider Hände um diejenigen unter ihnen aufzuzählen, welche an dem politischen Leben ein wenig Antheil genommen und sich für die Sache der Freiheit interessirt haben. Und wie hoch steht neben allen diesen noch Bettina — etwa neben einer Lucie Lenz, der „schönen Demokratin“! Wir mögen ja dem Himmel danken, daß uns Louise Michel's und selbst Charlotte Corday's nicht bescheert sind, denn eine politisirende Frau ist ein geistiger Hermaphrodit und gewährt im Allge-

*) Ihre 1843 veröffentlichten „7 Lieder für Altstimme“, welche Spontini gewidmet waren, sind vollständig vergessen.

meinen keinen erfreulichen Anblick, allein wenn diese Beschäftigung mit der Politik von allgemeiner und praktischer Menschen- und Freiheitsliebe getragen und nebenbei mit so viel Witz und Grazie ausgeübt wird, wie von Bettina, so darf man sich dieselbe schon gefallen lassen und kann bedauern, daß sie in dieser Hinsicht nicht Schule gemacht hat.

Die Schrift „Dies Buch gehört dem König“ ist eines der kostbarsten und einzigsten Denkmäler in unserer Literatur, das heute, wo der Standpunkt der Verfasserin — ich möchte ihn nach bekannter Analogie den Kathederliberalismus nennen — zum Theil schon längst ein überwundener ist, so wenig von seinem Werth verloren hat, als vor vierzig Jahren, denn für den Verlust an aktuellem Interesse, den es erlitten, hat es den Gewinn an kulturhistorischem eingetauscht. Und wie vieles bleibt noch in demselben stehen, das heut genau so gilt wie damals und auch voraussichtlich für die nächsten hundert Jahre noch immer seinen Werth behalten wird.

Indessen muß man doch, um das Buch ganz zu begreifen, sich in die Stimmung der höheren Volksklassen vor den 48er Märztagen zurückversetzen. Allein wem dürfte dies schwer fallen? Die Aelteren unter uns haben jene Zeit noch miterlebt, und den Jüngeren ist sie durch unzählige Erzählungen der ersteren zwar nicht lieb, wohl aber vertraut geworden. Lebendig steht vor uns jene Zeit des unklaren Idealismus, der vom Erdboden zum Himmel auffliegen wollte und über jede aufgespannte Waschleine fiel, der den Kaiser Barbarossa im Triumph aus dem Kyffhäuser holen und auf den deutschen Kaiserthron setzen wollte, aber sich vergeblich abmühte den Eingang zum Bergesinnern zu finden und, wenn er ihm gar schon einmal auf der Spur war, ängstlich zitternd davonlief, so oft er drinnen einen Raben mit den Flügeln schlagen hörte. Es war jene Zeit des absoluten Regirens, die nur die alten, tausendjährigen Vorurtheile und Dummheiten zerstören wollte, aber sich selbst noch nicht klar war, was sie an die Stelle derselben setzen sollte, die den Willen für die That nahm und den Muth für die Kraft, die glaubte, man könne jedes Thor mit einem Schlüssel öffnen, und der Rock der Verfassung, der Frankreich nicht übel stand, werde ohne sonderliche Veränderungen auch auf Deutschlands Leib passen. Und doch war auch jene Zeit nothwendig als Vorbereitung auf eine größere nach ihr, sie war der Fabian- und Sebastianstag, welcher den Saft in dem Wunderbaume Deutschland aufsteigen ließ, daß er später ausschlagen und herrliche Blüthen im Mai, im Lenz der Einigung, zu treiben vermochte. Das Jahr 1870 war der Lenzmond des modernen Deutschland, auf den natürlich nicht allzulange nachher die Zeit der Hitze und Dürre folgen mußte, in der wir uns augenblicklich befinden.

In jene Zeit also fällt die Abfassung des Königsbuches Bettina's, und diese spiegelt sich mit allen Vorzügen und Schwächen in ihm wieder. Es sind dieselben großen und schönen Grundgedanken, dieselbe Humanitäts- und Freiheitsschwärmerei, die gleiche unbarmherzige, vernichtende Kritik der bestehenden, bis ins innerste Mark im Großen wie im Kleinen angefaulten Staatsorganisation, und die gleiche Unklarheit über die anzuwendenden Mittel, die einzuschlagenden Wege zur Besserung, dasselbe kühne Hinwegschreiten über dergleichen ‚kleinliche' Bedenklichkeiten mit Hilfe großer, hochtönender Worte, die uns heut Phrasen dünken, damals aber für die höchste Staatsweisheit gehalten wurden. Aber es liegt doch noch mehr in dem Buche. Aus jedem Satze tritt uns das scharfumrissene Bild der eigenartigen, sympathischen, interessanten Persönlichkeit, tritt uns ein kühner, fester Wille, ein ganzer Mensch entgegen. In ihren früheren Schriften sahen wir die werdende Bettina, hier tritt uns die Gewordene entgegen, dort war, was uns fesselte, ihr Streben, hier ist es ihr Wesen.

Der Eindruck, den das Königsbuch auf den heutigen unbefangenen Leser macht, ist natürlich kein einheitlicher, sondern je nach der Stelle, die man gerade liest, bald ein erfreulicher, bald ein abstoßender. In diesem Augenblick freut man sich über einen großen und schönen Gedanken, über die unerbittliche Logik der Beweisführung, die ätzende Schärfe der

Satire, um gleich darauf sich über die langathmigen Tiraden, die fortwährenden Wiederholungen, die frauenzimmerliche Art der Beweisführung — die mit andern Worten ausgedrückte Behauptung als Beweis auszugeben — zu ärgern. Es ist gar nichts Seltenes, daß eine Voraussetzung fünfzig Seiten später zu finden ist, als die zu ihr gehörige Folgerung, oder daß sie die Entwicklung ihrer Rechtsphilosophie unterbricht, um ihre Gedanken über den Kopfputz der Frauen auszusprechen, dann auf das Gebiet der Ethik überspringt und plötzlich wie mit Telegraphenschnelle zu der ersten Gedankenreihe zurückkehrt. Darum glaubt man sich beim erstmaligen Lesen des Buches in einem Labyrinth zu befinden, wo man nach stundenlangem Umherirren plötzlich wieder an einer Wegekreuzung anlangt, die man schon längst passirt zu haben gewiß ist. Erst allmählich gelangt man dazu, sich die Essenz ihrer Anschauungen und Darstellungen destilliren zu können um genau zu fixiren, was sie eigentlich sagen will, und sich nachträglich die Disposition des Buches anzufertigen, die die Verfasserin für überflüssig gehalten hat. Es wäre eine interessante und lohnende, freilich aber eine Herculesarbeit, die besten ihrer Bücher von allem Wust zu befreien und in vernünftiger Ordnung ihre Schilderungen und Ansichten darzustellen. In seiner jetzigen Gestalt gleicht fast jedes ihrer Bücher einem herrlichen Palaste, den der Erbauer selbst in unbegreiflicher Laune dadurch verunstaltet und dem bewundernden Anblick der Welt entzogen hat, daß er rings um ihn und in seine Höfe hinein eine Menge der häßlichsten und geschmackwidrigsten Baulichkeiten im bunten Durcheinanderwirbeln aller möglichen Stile errichtet hat. Wenn einer seiner Nachfolger sich entschließen könnte, diese niederzureißen und den Palast frei hinzustellen, so wäre die Welt um eine Sehenswürdigkeit reicher, während jetzt die Meisten mit Achselzucken an dem wunderlichen Ding vorübergehen.

Bettina wendet im Königsbuche eine neue Form der Darstellung an: das Gespräch. Dieser Umstand sowie die freien religiösen Anschauungen, bei denen sie mit Vorliebe verweilt, lassen auf eine posthume Einwirkung Schleiermachers schließen, zum mindesten den großen Einfluß erkennen, den dieser Mann und der Verkehr mit seiner Familie auf Bettina's ganzes Denken ausgeübt hat. Seine Uebersetzungen der platonischen Gespräche las sie mit Vorliebe, und diese selbst sind auch im Königsbuche mit feinem Geschick nachgebildet. In dankbarer Erinnerung an ihre schönsten Jahre legt sie ihre Reden der Frau Rath Goethe in den Mund, die natürlich, wie sie in diesem Buche erscheint, eine ganz frei erfundene Persönlichkeit ist. Frau Aja hat nie daran gedacht, solche Reden zu halten wie sie ihr Bettina in den Mund legt, und wer etwa die Mutter Goethe's nach dem ‚Königsbuche' beurtheilen wollte, dürfte sich mit demselben

Rechte ein Bildniß Bettinen's in das Zimmer hängen und darunter setzen „Frau Rath Goethe". Als Gegenredner fungiren der Bürgermeister von Frankfurt, der Pfarrer und Bettina selbst. Um der Diction größere Wahrscheinlichkeit zu verleihen, läßt Bettina die Räthin mit einem Anklang an den Frankfurter Dialekt sprechen, so wie sie vermuthlich wirklich gesprochen, was aber zur größeren Klarheit der Darstellungen natürlich auch nicht besonders beiträgt. Das Autobiographische, dem Bettina sonst stets einen so großen Raum gewährt, tritt in diesem Buche vollständig zurück, wir haben es hier rein mit ihren philosophischen Anschauungen zu thun. Diese dehnt sie auf alle Gebiete aus, Religions-, Moral-, Staats-, Rechts- und Geschichtsphilosophie zieht sie in den Kreis ihrer Ausführungen. Wir müssen uns natürlich versagen, näher auf dieselben einzugehen, sowohl aus räumlichen Gründen wie aus Rücksicht darauf, daß ein großer Theil derselben schon längst überholt ist, und wollen kurz nur das erwähnen, was das Charakterbild der seltenen Frau zu vervollständigen imstande ist. Da sind nun zunächst ihre Meinungen über Religion und Glauben zu erwähnen: „Was ist aber der Glaube? — Wo nichts ist, kann ich da etwas glauben? — Da wächst mir eine Pomeranze! — Ei das kann ich nicht glauben. — Ei warum denn nicht, wenn ich Dir's doch versichern thu? — Nun, es ist mir unmöglich zu glauben, daß Dir da auf Deiner Nas sollt eine Bomeranz wachsen. — Hör', wenn Du Dich so zum Glauben anstellst, als wie Du Dich zur Bomeranz anstellst, dann wirst Du schwerlich in Himmel kommen! — Ach Gott, ich wollt' doch gern selig werden, kannst Du mir denn gar nicht den Glauben einprägen an die Bomeranz, vielleicht daß ich dann so sachte glauben lern'. — — Nun, geh' her, ich will mich über Dich erbarmen, siehst Du, hier steck ich mir das Bomeranzenkörnchen in die Nas, Du siehst, es hat schon ein klein Keimchen, und es ist also doch eine Möglichkeit da, daß es Wurzel faßt. Wirst Du mir jetzt ehnder glauben? — Ach ja, es ist schon ehnder wahrscheinlich, obschon es doch eine gefährliche Sache ist, an so einem Ort eine Bomeranz wachsen zu machen, denn erstlich ist das Klima nicht darnach, und sie müßt doch viel Sonnenschein haben und Deine ist noch dazu eine Hakennas, daß dem Keimchen seiner Richtung durchaus nicht zum Heile ist, aber ich kann mir's doch schon als möglich denken! — Nun haben wir den Ungläubigen schon auf gutem Weg, er giebt schon seinen Verstand gewesen. — Nun? sagt der Bomeranzenbeweisführer, Du mußt auch nicht alle Mühn auf mich allein schieben, wo bleibt sonst Dein Verdienst? Du mußt natürlich dem Glauben entgegenkommen. Wenn's keine Kunst wär' zu glauben, vor was wär' Dir denn die ewige Seligkeit geschenkt? — Der Ungläubige will alleweil seine Hände in die Wundmale legen, aber selig sind die, welche nicht sehen und doch glauben. — Die Aussicht hast Du, daß mir eine Pomeranz wachsen wird, hab auch die Hoffnung, daß Dein Glauben Dich selig machen wird!"

Das ist gewiß eine kuriose Art gegen die positive Religion zu polemisiren. Und welch herber, tiefer Sinn steckt doch in den anscheinend närrischen Worten! Wenn man nur auf die dem gemeinen Menschen angeborene und leichterklärliche Furcht vor dem, was nach dem Tode geschehen wird, speculirt — meint Bettina — und ihm Belohnungen für jene Zeit in Aussicht stellt, die alle irdischen Glücksgüter weit übertreffen, so kann man ihn bewegen, Alles zu glauben, es ist dann eben so leicht, ihn von der Existenz eines persönlichen Gottes als von dem Wachsen einer Pomeranze auf seiner Nasenspitze zu überzeugen, und jener Glaube könnte selbst Gott nicht mehr werth sein, als dieser. So die Wahrheit der Religion zu demonstriren, heiße von dem Menschen den Glauben erpressen; nur das Bekenntniß habe Werth, das aus freier Ueberzeugung, als Resultat des Selbstdenkens und ohne egoistische Rücksichten auf zeitliche oder himmlische Belohnungen und Strafen ausgesprochen werde. In dem ersteren Falle aber sei die Sünde, der Zweifel, dem dumpfen, feigen Dahinglauben bei weitem voranzustellen. „Die Albernheit kann meinen Begriffen nach nicht Seligkeit genießen...... ohne Geistesfreiheit wird auch selbst das Wort Gottes zur Heuchelei" .... „Der freie Geist verläßt muthig um der Zukunft willen frühere Satzungen. Drum ist dem Geist Gesetz und Religion die Freiheit. Das ist göttlich, das andere ist sclavisch. Wär der Staat nicht Sclave, so wäre er nicht Tyrann, der niedrigste Sclave. — ‚Glaub oder Du mußt sterben des ewigen Todes! — Glaub oder Du bist des Teufels!' — Was soll ich aber glauben? — ‚Eben daß Du verdammt sei'st, wenn Du nicht glaubst!' — Wenn ich aber nicht glaub' an das Eine, so brauch ich auch nicht zu glauben an das Andere, so kann ich den Teufel auch mit Gott in die Flucht schlagen".

Alles feige Unterwerfen, Selbstkasteien ist ihr ein Gräuel, jedes Aufgeben des eigenen geistigen Selbst verabscheut sie. „‚Warum soll ich zagen, da ich meiner himmlischen Urkraft der Unsterblichkeit mich besinne, der alles Schicksal weichen muß?' Das ist doch wohl der Inhalt Ihres Gebets?

Pfarrer: Ja wohl! — nur, daß ich meine Wünsche und Bitten an den Schöpfer des Himmels und der Erde richte, der Herr ist aller Geschöpfe und sie dem unterwerfe.

Frau Rath: Sie Heuchler! warum unterwerfen Sie sich? weil Sie meinen, daß Ihnen doch anders nicht helfe, indem er die Macht ist und die Herrlichkeit.... Wenn Sie drunter weg könnten, so würden

Sie's versuchen, aber nun, weil Sie einmal das Hasenherz im Leib haben, so unterwerfen Sie sich nicht.'" Das ist denn freilich eine einseitige Anschauung. Wer wollte zweifeln, daß es Tausende giebt, denen es mit ihrer Unterwerfung vollster Ernst ist, die das **sacrificio dell' intelletto** wirklich für etwas Verdienstliches, dem Menschen Zukommendes halten? Bettina würde besser getroffen haben, wenn sie nicht so scharf geladen und nicht so weit gezielt hätte.

Dennoch muß man bekennen, daß ihre Anschauung etwas Großartiges hat. Wie Gutzkow seinen Uriel Acosta sagen läßt: „Der Zweifel ist des Glaubens heiligstes Symbol", so sagt sie „die Sünde ist der Vorhof der Tugend, das heißt jener einzig wahren Tugend, welche bewußt, um ihrer selbst willen ausgeübt wird. Adam und Eva waren vor dem Sündenfall nicht tugendhaft, sondern thöricht, der Sündenfall und die Vertreibung aus dem Paradies war die höchste Gnade Gottes, denn durch sie gelangte die Menschheit zur geistigen Entwicklung, und nach vielem Umherirren wird sie dereinst auf den Pfad der Tugend kommen. Darum nimmt Bettina wie Lessing an, daß Christus nicht der letzte Messias gewesen sei, sondern daß ihm noch einer, vielleicht noch mehrere folgen würden. Im engsten Zusammenhange damit steht ihre Rechtsphilosophie, nach welcher das Verbrechen kein Verbrechen, sondern nur eine geistige Krankheit ist, welche den natürlichen Zweck hat, den

Verbrecher auf den sicheren Pfad der Tugend zu bringen, damit er ihn bewußt wandle. Die Menschen aber, die das nicht einsehen, machen durch ihre unsinnige Rechtspflege diesen Naturzweck zu nichte, durch sie wird der Verbrecher nicht moralisch wieder gesund, sondern nur noch kränker gemacht. Die verwerflichste aller Strafen ist die Todesstrafe. Sie billigen, heißt erklären, man müsse jedem Schwerkranken Gift geben, um sich seiner so rasch als möglich zu entledigen. Sie sagt wörtlich: „Himmlische Weisheit braucht's nicht, um zu entdecken, daß die Verbrecher nur krankhafte Erscheinungen des Staates sind. Eine ganz krankhafte Erscheinung ist schon das Strafen und Lohnen ohne die Befähigung dazu! das heißt ohne die Weisheit! — beim Lohnen nun absonderlich, das gar nicht sein sollte, weil es den Morast aller Gemeinheiten aufwühlt". Es war das jene Zeit, in der man alle Orden, Titel und Adelspartikeln abschaffen wollte, in denen man eine Gefahr für die absolute Gleichheit sah. „Ihr seid die Demagogen, die ihr beim Strafen wie beim Lohnen eigenmächtig eingreift in die geistigen Anlagen der Menschheit. Der des Lohnes bedarf, ist so krank als der Straffällige, und der ist noch kränker, der Lohn und Strafe austheilt." Und weiter. „Unnütz sind ferner eure Zucht-, Schweig- und Isolierhäuser. Das sind keine Heilanstalten sondern Marterkammern der geistigen und sittlichen Natur." Sie verlangt dieselbe

Pflege von Staats- und öffentlichen Wegen für den Verbrecher, welche man barmherzig jedem Kranken gewährt. Das Gefängniß soll nichts anderes sein als ein Hospital der Moral und des Geistes. Wo findet sich ein Zweiter, der sich auf eine solche Höhe der Humanität emporzuschwingen vermag? „Die heutige Behandlung des Verbrechers ist mit derselben Krankheit behaftet, die das Verbrechen erzeugte. Wären wir geistig gesund, so ist unmöglich, daß wir nicht auch den Verbrecher heilten. Denn geistige Gesundheit ist unwiderstehliche Heilkraft, die jede Versündigung am Geist ausgleicht und organisch erneuert." Sie hat auch die Vorschläge zur Besserung sofort bei der Hand. „Wenn Ihr die Wiedervergeltung als Palladium der Justitia aufrichtet, wie soll Euch vergolten werden für den Stumpfsinn, die Euch überlassenen Erdensöhne ganz des Teufels werden zu lassen mit Blauholzraspeln, Wollespinnen, Teppichweben, Holzschuhe schneiden, nebst hoffnungslosem Schweigen und Einsamkeit? Sollten die nach moralischer und philosophischer Ueberzeugung ungerechten Urtheile die Wiedervergeltung abbüßen, wer müßte da alles Teppiche weben und Holzschuhe schneiden! . . . Der ganze Staat muß und hat nichts anderes zu thun als den Verbrecher zu retten und seine Heilung zu bewirken, das ist meine neue Moral, und meine neuen Götter werden dazu ihren Segen geben!" Nun, das letztere deckt sich fast auf ein Haar mit der jetzt allgemein geltenden Rechtsanschauung, und so darf Bettina auch hier den Anspruch darauf erheben, eine Vorkämpferin der neuesten Zeit gewesen zu sein. Ihre Mittel und Wege, zu jenem schönen Ziele zu gelangen, sind freilich bei weitem andere; da zeigt sich wieder die alte romantisch-phantastische Natur. „Dies Einzige wäre zu versuchen, wenn man den Staat bewegen könnte, den großen Karpfenteich der Wissenschaft den Verbrechern zu öffnen. Gefangen würden sie nicht zaudern, den einzigen Ausgang zu wählen, ihre angeborene Energie, ihre noch ungebrochenen Naturkräfte, ihr starkes Organ für Naturrecht ... wie könnten die neues feuriges Blut dem veralteten Sünderstaate einströmen! ... Einen weiß ich, dessen helles geistiges Auge die Zeiten durchspäht, das ist der Jakob Grimm, der auch in der Buchstabenlehre der Wissenschaft das Bedeutende hervorhebt, aus den schönen vorüberstreichenden Erscheinungen das Richtige herausfühlt. Mit aller Liebe und Kindlichkeit, nebst dem deutlichsten Verstand und dem ruhigsten Sinn würde der die Leidenschaften dieser Verbrechernation an das Band des Geistes knüpfen: nur der Geist kann zwingen, nur der Geist läßt sich zwingen!“ So stritten in der Seele dieser merkwürdigen Frau zielbewußter Scharfsinn und unklare Phantasterei um die Herrschaft, so lösten sie einander ab, bis schließlich doch immer der bessere und edlere Theil siegte. Aus Widersprüchen ist ja der Mensch gemacht, und die wahre Größe besteht darin, den innern Kampf so auszufechten, daß sich der Geist selbst zuletzt doch zur harmonischen Einigung, zur Klarheit führt. Erkennen wir dies an, so können wir Bettina die Eigenschaft der geistigen Größe nicht absprechen.

Auch für den körperlich und geistig Gesunden ist ununterbrochene Thätigkeit, ständiges Arbeiten am Kulturfortschritt der Menschheit die Lebensaufgabe. Wenn der wahre Teufel die Trägheit und Gott die ewige Thätigkeit ist, so soll auch der Mensch nimmer rasten, um sich von jenem zu befreien und diesem ähnlich zu werden. Das drückt sie also aus: „Das war mir ein Anstoß, daß der thätige Gott sollt schon am siebenten Tag ausgeruht haben. Da geb' ich Euch allen mit einand' zu bedenken, ob das eine Sach' ist für einen Gott, daß der gleichsam sein Arbeitsschurz (denn er hat viel in Thon gearbeitet) an den Nagel hängt, sich die Händ' abwäscht und sein Sonntag hält? . . . Aber was hätt' denn unser Herrgott nun gethan nach dem siebenten Tag, da er sich geruht hatte? — Wenn nun nichts mehr zu schöpfen war, so ist das so fort geblieben, in einem Ruhn bis zum heutigen Tag? Und wird es auch so bleiben bis an den jüngsten Tag? . . . Und ich kann mir denken, daß, wenn Gott auch nur einen Augenblick das Handwerk der Schöpfung niederlegt, daß es dann um alle Creatur geschehen wär'. Seht, das ist mein Kapitalgedanke, an dem häng' ich mit fester Ueberzeugung, nämlich, daß Gott unendlich erschafft und nicht um einen Athemzug innehält — und daß diese Schöpfungen in's Unendliche, also natürlich in's Unbegreifliche für den armen Menschenwitz gehen, daß aber die Hoffnung auf unendliche Entwicklungen den Menschengeist aus seiner verengten Lage, worin er sich steif und kaput gelegen hat, herausarbeiten wird, das ist mein Glauben an Gottes Schöpfungen, die nie aufhören können. Und was dem Einen recht ist, das ist dem Andern billig, oder wie dem Vater, so dem Kind. Ruht der Vater nicht, warum soll das Kind lunzen und heucheln, denn geheuchelt ist das alleweil, wenn ich Betrachtungen halten wollt' und Gottesverehrung, wobei nicht ein Körnchen gesunder Menschenverstand erblühen kann." Wir sehen, wie hier schon die Keime der heutigen Anschauung von der befreienden und reinigenden Kraft der Arbeit liegen, von der Identificirung des wahren Lebens mit der ernsten, unermüdlichen Arbeit, eine Anschauung, die sich auch bei Turgeniew und Freytag findet.

Nimmt man aber jene Sätze an — so demonstrirt sie weiter — so muß auch der Staat dafür sorgen, daß ein Jeder seine Kräfte frei zu regen vermag und nicht durch die Bande der persönlichen Willkür eines Einzelnen oder solcher Gesetze, die ohne

Rücksicht auf das wahre Bedürfniß des Volkes gegeben werden, gefesselt ist. Ein liebender Vater soll der Staat einem Jeden sein, der seinen Kindern nicht selbst die Möglichkeit nimmt, Tüchtiges zu leisten und Erfolge zu erringen. Es ist der Standpunkt ihres Freundes Humboldt, auf dem sie steht, daß der Staat keine weitergreifenden Pflichten habe, als den Einzelnen zu schützen, ihm die ungestörte Ausübung seines Berufes zu sichern und vollste individuelle Freiheit zu gewähren.

„Lebt der Staat in gesunder Ehe mit dem Volk, hat er das wahre Vertrauen, die reine Treue, die Aufopferung, die Aufrichtigkeit für dasselbe, da er nur Sklavengeist von ihm verlangt? Ist der Staat dem Volk ein treuer Vater, entwickelt er seine Kräfte, respektirt er seine natürlichen Anlagen, bethätigt er seine Energie, sichert er ihm sein Recht der Freiheit und freut sich seiner Stärke, oder rügt er vielmehr seine Entwicklung in's Freie, Große, Göttliche? Ist er ihm eine liebende Mutter, die mit Geduld in sein Irren sich schickt, die im Entsagen geübt als glückliches Schooßkind es pflegt und ihm den Vaterlandsboden erwärmt? Oder vernachlässigt die Mutter das Kind um ihrer Lüste willen? — Was ist der Staat dem Volke? Ein herrischer Sklavenhändler, der Tauschhandel mit ihm treibt, und darum den Knechtsinn ihm einquält; der Machtsprüche verhängt über es und sein darbendes, angefochtenes, tausendfach geärgertes Herz in den Sumpf versenkt frömmelnder Moral? Der über seinem aufstrebenden Geist den Sargdeckel zuschlägt oder auch mit dem Halsband eines Hundes die Kehle ihm zuschnürt.“ Möglichkeit der freien Entwicklung jeder Individualität verlangt sie, „Raum dem Flügelschlag einer freien Seele!“ Die Stärke eines Staates beruht darum einzig und allein in seinem freien Bürgerthum. „Nun mögen sie sagen, was sie wollen, so ein Verhalten nenne ich eine große Staatspolitik, wo dies Bürgerthum in seiner Blüthe geschützt ist, und diese Politik ist auch auf Naturrecht begründet und kann den andern Staaten zum Muster dienen (die Frankfurter Verfassung) und wird auch Recht behalten, und ist wahre Religion der Politik, deren Grundzüge so groß sind, daß alle Religion mir klein ist gegen diese. Die Freiheit Aller macht den Einzelnen frei, das Volk ist der Höhenpunkt, nach dem der Lauf der Sterne berechnet wird.“ Sie hofft es auch noch zu erleben, daß die Fürsten zu dieser Einsicht gelangen werden. „Fürst und Demagogen ein Herz und eine Seele ihren Verfolgern zum Trotz. Warum soll die souveraine Macht nicht mit den Demagogen gemeine Sache machen?“ Dies ist in großen Zügen der Gedankengang des wunderlichen, wunderbaren Buches. Wenn man bedenkt, daß so eine Frau im Anfang der 40er Jahre schrieb, so wird man den Erfolg des Buches bei Jung und Alt, Hoch und

Niedrig begreifen. In dem Anhang, den sie hinzufügte, stattete sie vor der Oeffentlichkeit einen eingehenden Bericht über ihre Besuche und Nachforschungen in den „Familienhäusern“ der Gartenstraße ab. Ohne jede poetische Zuthat, auf allen stilistischen Schmuck verzichtend, schilderte sie in rein berichtender Weise die entsetzlichen Zustände, die unter jenen Armen und Elenden herrschten, und die jämmerliche, ungenügende Art der Armenpflege, und gerade die trockene, nüchterne Darstellung, welche unbarmherzig die Bemäntelungen und Verschleierungen, die von andern Seiten versucht worden waren, herabriß, machte einen tiefen, unauslöschlichen Eindruck auf alle Leser. Wenn heut' die Berliner Armenpflege eine fast mustergiltige ist, so darf Bettina das Verdienst nicht abgesprochen werden, zuerst durch ihre Schilderungen und Berichte auf eine Besserung jener menschenunwürdigen Zustände gedrungen zu haben.

Als das Buch erschien, glaubte Jedermann, und wohl auch die Verfasserin selbst, daß dasselbe sogleich verboten werden würde. Dies geschah jedoch nicht. Die Behörde nahm an, daß die Wenigsten Zeit, Lust und Geschick haben würden, sich aus der in demselben herrschenden Verworrenheit die revolutionären Anschauungen der Verfasserin in ihrer Nacktheit heraus zu schälen, daß das Buch daher keinen Schaden stiften, sondern durch seine Verworrenheit der Regierungssache nur nützen werde*). Dieser Befürchtung konnte sich auch ein Theil der Freunde Bettinen's nicht entziehen, und um den Werth und Gehalt des Buches nicht rettungslos verloren gehen zu lassen, wurde von Adolf Stahr ein Auszug aus demselben verfasst, der in wohlgelungener, kurzer Darstellung mit Treue die Gedanken und Pläne der Verfasserin wiedergab, und dieses Buch wurde verboten. Denn so wie es war, in seiner gedrängten Kürze, mit seinen schonungslosen Anklagen des Staates, der Regierung, der Gesellschaft, konnte es allerdings ein treffliches Agitationsmittel für die liberale Partei werden, während das Königsbuch selbst unmöglich auf die große Masse zu wirken vermochte. Die scheinbare, viel besprochene und belächelte Inconsequenz der Behörde hatte also ihren guten Grund.

Haben wir über die bisherigen Schriften Bettina's ausführlich gesprochen, weil sie wirklich immer Marksteine in der Entwicklungsgeschichte der deutschen Literatur bleiben werden, so können wir uns bei den folgenden um so kürzer fassen. Denn nach dem Königsbuche hatte Bettina der Welt wenig mehr zu sagen, und was sie nun noch schrieb, waren zumeist

*) Vielleicht fehlte dem Censor auch selbst die Fähigkeit, das erstere zu thun, vielleicht wurden auch ihm erst durch Stahr's Auszug die Augen geöffnet.

Wiederholungen ihrer früheren Werke, in denen nur noch einzelne neue Gedanken und Thatsachen zu finden sind. Nur der „Frühlingskranz“ macht noch einen wohlthuenden harmonischen Eindruck. Er erschien 1844 unter dem vollständigen Titel „Clemens Brentano's Frühlingskranz, aus Jugendbriefen von ihm gewunden, wie er selbst es wünschte.“ Eine der vorzüglichsten Eigenschaften Bettina's war ihr ausgeprägter Familiensinn. Welche Zärtlichkeit sie für ihre Kinder empfand, haben wir schon erwähnt; das Andenken ihres verstorbenen Gatten hielt sie stets heilig und ihren Geschwistern war sie allezeit treu und liebte sie mit Inbrunst. Ihr Verhältniß zu Clemens ist so schön als rein, was um so wunderbarer und rührender erscheinen muß, als oft Jahre vergingen, in denen sie sich nicht ein einziges Mal sahen. Der Ort ihrer Begegnungen war gewöhnlich Schlangenbad, Bettina's Lieblingsbadeort, weil sich an denselben so viele theure Erinnerungen ihrer Kindheit und Jugend knüpften. Von einem Wiedersehen, das sie im Jahre 1824 feierten, schwärmte Clemens noch lange; er war entzückt von der Liebe und Herzensgüte der theuren Schwester. Allein bald nachher trat eine Entfremdung ein, ihr Verhältniß wurde kälter. Religiöse Beweggründe brachten diese Veränderung hervor. Clemens glaubte sich immer mehr von der Wahrheit der katholischen Dogmen überzeugt und versenkte sich mit heiliger Wollust in die kirchliche Mystik, von der er endlich nicht mehr lassen konnte, während Bettina, deren Ansichten über die Confessionen wir kennen, ihm auf diesem Wege nicht zu folgen vermochte. Im Sommer des Jahres 1832 kam es wieder in Schlangenbad zur Auseinandersetzung und zur Trennung zwischen beiden; Clemens schied voll tiefer Betrübniß über die geistige Verderbtheit Bettinen's. Aber die letztere vergaß, wenn sie auch seine Anschauungen nicht zu den ihren machen konnte, doch nie den Bruder in ihm und hörte nie auf, diesen mit schwesterlicher Zärtlichkeit zu lieben. Ihre Wege gingen aus einander, ihre Herzen aber blieben beisammen. Als Clemens im Jahre 1842 starb, war sie sofort entschlossen, ihm ein Denkmal zu setzen, das dauernder sein sollte als jedwedes in Stein und Erz, eines, das er sich selbst zum Theil in seinen Briefen gesetzt. Es war ursprünglich beabsichtigt, dem ersten Bande des „Frühlingskranzes“ noch andere folgen zu lassen, allein der geringe Erfolg des Unternehmens verhinderte dies. Clemens war schon in seinen letzten Lebensjahren ein todter Mann. Der „Frühlingskranz“ versetzt uns in das Jahr 1803, als Clemens sich noch in dem Hause des trunksüchtigen Hofraths Möhn aufhielt. Ein kleiner Roman spielt sich darin ab, er enthält Clemens' verschiedene Herzensneigungen, mit denen er Schiffbruch leidet, bis er endlich in Sophie Mereau die Rechte findet. Doch als er sich dieser vermählen will, stößt er auf entschiedenen Widerspruch bei Bettinen, der indessen schließlich durch Sophiens Klugheit und Liebenswürdigkeit überwunden wird. Indessen ist die Hauptfigur weder Clemens noch Sophie, sondern wieder Bettina, deren starke Individualität sich einmal mit einem Platz in zweiter Linie nicht zu begnügen vermochte. Ihre Briefe, ihre Erlebnisse nehmen den meisten Raum des Buches in Anspruch. Größtentheils sind es Schilderungen ihres Aufenthalts in Offenbach, des Lebens im Hause der Großmutter Sophie Laroche, und der französischen Emigrantenkolonie, die sie eben nicht im günstigsten Lichte darstellt. Noch mehr als alle früheren macht dieser Briefwechsel den Eindruck der späteren bedeutenden Ueberarbeitung. Dennoch enthält er viele reizende und lebensvolle Schilderungen. Dazu gehört in erster Linie die Idylle ihrer Beziehungen zu der armen jüdischen Stickerin Veilchen, ein Seitenstück zu der Geschichte von Ephraim in der „Günderode". Die Poesie des jüdischen Familienlebens, die Kompert und Franzos so entzückend dargestellt, hat sie als Christin in außerordentlicher Weise erfaßt. Und konnte sie sich selbst ein schöneres Zeugniß ihrer Bescheidenheit und Toleranz ausstellen, als durch die Worte, die sie an Clemens richtete: „Du sagst, sie mag ein gutes Geschöpf sein, zu der ich hinabstiege mit meiner Vertraulichkeit. Wer bin ich denn, daß ich mich herablasse wenn ich mich zu einem guten Geschöpf vertraulich wende? Ich glaub' vielmehr, daß ich zu ihr hinansteige als hinab". In klaren Zügen tritt das Bild jener sonderbaren Amazone, der Degachet, vor unsere Augen, die Anfänge ihres eigenen Verhältnisses mit Arnim werden dargelegt, dazwischen sind wieder reizende, kleine Anekdoten wie die Geschichte ihres Aufenthalts bei einer Töpferfamilie, eingeschoben. Dem unbedeutendsten Erlebniß weiß sie Reiz, Gestalt und Bedeutung zu verleihen, ja es ist so recht eigentlich ihr Feld, dasjenige mit naiver Fröhlichkeit zu umkleiden, was bei einem Andern einen kindischen Eindruck machen würde. Außerdem enthält das Buch noch manches gute und kräftige Wort, wie das folgende, ihrer Freundin Günderode in den Mund gelegte, über die weibliche Bildung, die sie mehr auf das Herz als auf das Gedächtniß ausgedehnt sehen will.

„Die Weiber oder Mädchen, sagte ich, sind die kränkesten an dieser Afterbildung, ihre krankhafte, unbefriedigte Laune ist Empfindung, ihr Fieber Begeisterung, ihre Willenlosigkeit wird Philosophie. Ich sagte, sie bedecken ihre Lumpen mit Bildung, und setzte hinzu, daß sie dadurch meist sehr lächerlich werden, indem sie nur entblößen, was sie bedecken wollen. Die Bildung ist nichts als der höhere Glanz der Nacktheit, der die freie Keuschheit der Schönheit ist. Nun aber heißt sich mit Bildung ausflicken nichts, als die Löcher im Gewand mit einer Laterne beleuchten, denn die Bildung ist durchsichtig, und umsomehr erscheinen daher heut' zu Tag' die meisten gebildeten Mädchen äußerst miserabel, als sie grad' darin die Ausbesserung nöthig haben, was das Heiligste des Menschen ist, im Verstande, der Liebe, im Herzen und der Zucht; und ich möchte sie die Laterne nennen, die die schlechten Straßen unserer Städte nicht so erleuchten, daß man sie sicher durchwandle, um nicht den Hals zu brechen, nein sie leuchten nur, damit man diesen Dreck bewundere, denn dies ist die Prätension dieser kleinstädtischen Dummheit (ich sage kleinstädtisch auch von Paris in Hinsicht des Universums)".

Ihr tragisches Schicksal war es, daß die Ueberfülle ihres Herzens, ihr unendlicher Liebesdurst ihr manchen herben Streich spielte, daß sie aus jener oft mehr gab, als verlangt wurde, und sich dadurch manch Einen entfremdete, dem es nicht gelungen war, sie ganz zu begreifen. So erging es ihr mit dem jungen Nathusius. Sie hatte ihn vielleicht mit mehr als mütterlicher Zärtlichkeit geliebt, hatte sie sich doch einst zu Varnhagen geäußert, sie begreife nicht, warum man nicht auch noch mit Runzeln auf der Stirn lieben könne. Nathusius erkannte indessen bald das Mißverhältniß, das zwischen ihnen bestand und löste es, indem er sich mit einem jungen Mädchen verlobte, das besser zu ihm paßte. Ihre Beziehungen stellte sie in dem Buche: „Briefwechsel zwischen Ilius Pamphilius und der Ambrosia“ dar. Ilius Pamphilius ist Nathusius, die Ambrosia sie selbst. Das Buch hinterläßt einen getheilten Eindruck. Wenig erfreulich sind die Liebesergüsse, da alle Liebenswürdigkeit doch nicht über das Mißverhältniß der Jahre hinwegtäuschen kann. Der Stil steht auch nicht auf der Höhe ihrer früheren Schriften, er ist bald bombastisch, bald sibyllinisch, bald schreibt sie seitenlang in Versen. Unbegreiflich sind manche Urtheile, z. B. das Verkennen des Genius Freiligrath's, und das einseitige Hervorheben des Wortes: „Es ist nur Ein Dichter und der ist Goethe“. Was in jedem andern Munde als schöne Wahrheit klingen würde, die Behauptung, sie habe den Lebensabend Goethe's verherrlicht, erscheint bei ihr fast wie Eitelkeit. Sonst enthält das Buch viele Wiederholungen dessen, was sie schon früher gesagt. Wohlthuend dagegen berührt der Hauch echter Toleranz, der auch hier weht, der Abscheu vor allem Pietismus und mancher Ausspruch echter, allumfassender Menschenliebe. „Ich will Dir nur eine Frage thun. Wenn ich Christus umtaufte, wenn ich ihn ablöste von dem Wort Christenthum, würdest Du Dich fürchten, weiter mit mir zu schreiten? und doch hat dies Wort Christenthum alle Schmach menschlicher Tücke in sich verborgen, und täglich ist es noch eine Herberge der größten Verkehrtheiten. Und wenn wir einen Tempel hätten, der keinen Namen trüge und man lehrte drinnen: Sei gut wie

Christus war, und es könnte keiner über die Schwelle schreiten, der nicht alle Religionspartei abgelegt habe, selbst gegen Juden und Heiden, glaubst Du, daß Christus jenen Tempel nicht bewohne? Glaube mir, das ganze Christenthum wäre nicht, wenn es nicht seine sinnliche Begründung hätte. — Und so Wenige auch davon wissen, wenn sie das Abendmahl genießen, so gewiß ist es doch eine sinnliche Wurzel, aus der wir herüberwachsen ins jenseitige Leben, und die nur allein ist Religion aller Religionen, die sich der sinnlichen Natur gemäß entwickelt, und den Geist pflegt, wie die sinnliche Natur das Leben pflegt. .... Und wahrlich, wenn beides, Naturleben und Geistesleben, nicht ganz im Einklang, nicht durch und durch dasselbe wären, dann wäre Alles nichts". — Er war in Italien und hat sich öffentlich sehr absprechend über Land und Leute geäußert. „Wie kannst Du ... solche Aussprüche thun: ‚Gehet hin, und lernet es kennen das Land der Marktschreier, wo jeder sich selbst der erste und einzige ist', oder ‚So etwas verträgt deutscher Charakter nicht'. — O Pamphil, das ist Fleisch von Deinem Fleisch und Bein von Deinem Bein? — Der Gott da oben wird keinen Italiener den Deutschen vorziehen, aus dem einfachen Grund, weil er an diesem nichts Besseres haben würde ...."

Der äußere Erfolg des Buches war nur ein geringer. Sein Erscheinen fiel auch gerade in die Zeit der Wogen und Stürme, kein Mensch hatte damals, wo es sich um die höchsten Güter unseres Volkes, um den Erwerb der politischen Einigung und Freiheit handelte, Lust schöngeistige Lektüre zu lesen. Und als kurze Zeit nachher Bettina noch einmal die Feder ergriff, um ihre politischen Anschauungen des Nähern auseinanderzusetzen, erlitt sie völlig Schiffbruch. Die „Gespräche mit Dämonen" (des Königsbuches zweiter Theil) waren ein vollständiger Fehlschlag. Die Welt war mittlerweile über die Redensarten zur Tagesordnung übergegangen und verlangte nach Thaten. Was nutzte es, dem König zuzurufen: „Gewähre so lange es Zeit ist, es wird eine Zeit kommen, wo Du gewähren möchtest, aber keinen findest, der es annehme!", wenn der König in eigenwilliger Verstocktheit auf keine Warnungsrufe hören wollte und die liberale Partei sich zu schwach zeigte, ihn nach ihrem Willen zu zwingen? Es war gewiß ein recht witziger Gedanke, Friedrich Wilhelm als „schlafenden König" darzustellen, dem der „Geist des Islam" Vorlesungen über Staatsverwaltung hielt und ihn zur Herstellung einer freiheitlichen Verfassung aufforderte, aber die Zeit der witzigen Gedanken war eben vorüber, man brauchte einen ganzen Mann, der sich der hereinbrechenden Reaktion entgegenstemmte, und dieser fehlte.

Die „Gespräche mit Dämonen" (1852) bilden das Ende ihrer literarischen Thätigkeit. Ueber ihr

Leben in den letzten zwei Jahrzehnten aber müssen wir noch kurz das Folgende erwähnen. Lust und Leid wechselten in demselben ab. Ihre beiden Töchter vermählte sie an die besten Männer, die sie für dieselben hätte wählen können: die eine heirathete einen Grafen Oriola, die andere Hermann Grimm, den Sohn ihres theuern Jugendfreundes Wilhelm. Ihre Familie, der lebhafte Verkehr mit allen Kindern war ihr Glück. In den Beziehungen zu manchen ihrer alten Bekannten und Vertrauten traten Spannungen ein, andere derselben starben dahin, nur eine kleine Anzahl blieb ihr treu, unter diesen Varnhagen. In den letzten Bänden seiner „Tagebücher" spielt sie die Hauptrolle. Aber auch dieser verstand sie nicht immer — und starb leider schon 1853. Dagegen fand sich manch neuer Freund, der seine Mußestunden gern mit ihr theilte und dem diese dann eine Quelle reichsten, reinsten Genusses wurden. Zu solchen gehört namentlich Joachim, der Geigerkönig. Die Musik, die schon so viele Verbindungen gestiftet hat, führte auch diese Beiden zusammen. Ein von ihr erfundenes Motiv bot ihm die Unterlage eines seiner schönsten Concerte.

Die Verherrlichung Goethe's der sie sich nun einmal geweiht hatte, die Aufrichtung des Monuments, das sie entworfen, beschäftigte sie unablässig. Sie sandte das Modell an Steinhäuser und beauftragte ihn mit der Ausführung, da sie für gewiß glaubte, der König von Preußen, der ihr seine Huld zu schenken schien, werde dasselbe in Berlin aufstellen lassen. Der Künstler führte zunächst den Oberbau aus, welcher als Titelkupfer dem „Briefwechsel mit einem Kinde“ beigegeben war, die Gruppe Goethe und Psyche. Aber als sie fertiggestellt war, war Bettina schon längst dem Könige entfremdet. Das Interesse, das er einst an ihr genommen, hatte sie sich dadurch verscherzt, daß sie es zu oft für Andere in Anspruch nahm, sich bei jeder Gelegenheit petitionirend an ihn wandte. Auch das Königsbuch verstimmte Friedrich Wilhelm. Außerdem lasteten gerade andere Sorgen auf dem Könige, die politischen Wirren waren im vollen Umfange hereingebrochen, und er bekümmerte sich wenig mehr um die Denkmäler der Kunst; Berlin mußte noch auf lange hinaus seines Goethedenkmals entbehren. Dadurch gerieth Bettina in die größten Verlegenheiten, denn der Künstler, der die Ausführung unternommen, hielt sich wegen des bedeutenden Preises an Bettina als die Bestellerin. Die Angelegenheit hätte sicherlich kein angenehmes Ende genommen, wenn nicht plötzlich Hilfe von unerwarteter Seite gekommen wäre: Die Großherzogin von Weimar hatte in Rom, in Steinhäusers Atelier, die Bildsäule gesehen und war von derselben so begeistert, daß sie ihren Gemahl bestimmte, dieselbe für Weimar anzukaufen. Dorthin wurde sie denn auch übergeführt, erhielt aber einen sehr ungünstigen Platz im Museum. Ihr Feuereifer für die gute Sache hätte Bettina beinahe wieder einen argen Streich gespielt. Dergleichen konnte ihr jedoch den Enthusiasmus nicht vermindern. Sie setzte die Aufgabe und das Streben ihres Lebens daran, die vollständige Ausführung des Denkmals zu bewerkstelligen, besonders die der Basreliefs am Sockel. Hermann Grimm erzählt: „Im Gypsmodell stand das Denkmal im großen Saale ihrer Wohnung und sie hatte unaufhörlich daran zu bessern. Immer neue Pläne wurden geschmiedet, die Mittel dafür zu schaffen. Nichts hörte Bettina lieber in den allerletzten Zeiten, als wenn ich ihr ausmalte, wie wir alle nach Rom reisen und die Ausführung des Monuments dort überwachen wollten. Schwach und nicht mehr recht im Stande zu gehen, ließ sie sich manchmal zu der Arbeit führen, hielt sich mit den Händen an dem Gerüste, auf dem das Modell aufgebaut war, und betrachtete es, langsam herumgehend, von allen Seiten“.

Ihre fortwährenden Berührungen mit dem Volke, ihre werkthätige Menschenliebe, ihre nimmer rastende Wohlthätigkeit, machten sie fast zum ständigen Anwalt aller Bedrängten. Jeder, der eine Forderung, eine Bitte auf dem Herzen hatte, jeder Unglückliche, der der Ansicht war, daß ihm Unrecht geschehen sei, wandte sich an sie, weil man wußte, daß sie Verbindungen und Einfluß in den höchsten Kreisen habe.

Und Keiner hatte vergeblich an ihr Herz appellirt. Darin beruht das Großartige ihres Charakters, daß sie bei aller weitschauenden Sorge für das Wohl des ganzen Menschengeschlechts, für das Heil des gesammten Volkes doch nie die Interessen des Einzelnen, der sich ihr anvertraut hatte, aus den Augen ließ, daß sie nicht bloß ein politisches System aufstellen konnte, sondern die Erste und Eifrigste war, es in ihrem Privatleben praktisch durchzuführen. Das zeichnet sie vor den meisten aller Moralphilosophen und Weltverbesserer aus. So viele Undankbarkeiten, Täuschungen und Zurücksetzungen sie auch erfuhr, so ließ sie doch nie in ihrem selbstlosen Walten und Sorgen für Andre nach. Ueberall griff sie helfend ein, und wo ihre Mittel nicht mehr ausreichten, wandte sie sich für Andre — nie für sich — an Höherstehende, Reichere, ja an den König selbst. Ist es ein Wunder, daß sie in ihren emsigen Bemühungen dann manchmal über die Grenzen der Zulässigkeit und Schicklichkeit hinausschoß? Wann hätte die Liebe darnach gefragt? Da so Viele sich an sie wandten, betrachtete sie sich als die geborene Sachwalterin der Armen, auch derer, die sich gar nicht an sie gewandt hatten. Das Petitioniren beim König, auch bei auswärtigen Monarchen wurde ihr zur Gewohnheit, von der sie nicht mehr lassen konnte, trotzdem man ihr schließlich gar nicht mehr antwortete, und so mischte sie sich manchmal in Angelegenheiten, die gar nicht ihre Sache waren, auch inbetreff mancher Dinge, die keineswegs mit der Wohlthätigkeit zusammenhingen. So wandte sie sich einmal an den Oberbürgermeister von Berlin in einem langen Schreiben, weil der Magistrat bei einer patriotischen Gelegenheit die Aufstellung eines Kolossalgemäldes beschlossen hatte, das ihren ästhetischen Anschauungen widersprach. Aber alle diese Schwächen sind gewiß sehr verzeihlich, entsprangen sie doch nur ihrem lebhaften Gefühl für alles Wahre, Gerechte und Schöne. Sie war vielleicht manchmal im Kleinen klein, sicherlich aber stets im Großen groß.

Einer der merkwürdigsten Fälle, der ihr unaustilgbares Interesse für jeden Armen und Hungernden bezeugt, ist der folgende. Bei einer ihrer Forschungswanderungen im Berliner Vogtland hatte sie die Nachkommen einer einst vornehmen Türkenfamilie aufgefunden, welche, durch Zufall nach Berlin verschlagen, sich daselbst im tiefsten Elende befanden. Da Niemand sich der Unglücklichen annehmen wollte, beschloß sie sich zu deren Gunsten an den Sultan zu wenden. Kurz vorher waren gerade ihre „Gespräche mit Dämonen“ erschienen, die sie, natürlich nur aus Scherz, „dem Geiste des Islam, vertreten durch den mächtigen Sultan Abdul Medschid Chan, Kaiser der Osmanen“, gewidmet hatte. Jetzt bot ihr dieser Fall Gelegenheit, den Scherz zum Ernst werden zu lassen. Sie ließ ein Exemplar dieses Buches prächtig in Goldschnitt mit reich verziertem Deckel binden und sandte es zugleich mit einer Bittschrift an den Sultan nach Constantinopel. So erreichte sie wirklich durch diese diplomatische Klugheit eine Besserung der Lage der bedauernswerthen Familie.

Schon seit 1838 beschäftigte sie ganz besonders die Veröffentlichung sämmtlicher, auch der nachgelassenen Werke ihres Mannes und die gesammelte Herausgabe ihrer Schriften. Die Vorrede zu den ersteren schrieb Wilhelm Grimm, die Herausgabe selbst ward von Bettina allein unter gelegentlicher Beihilfe Varnhagens besorgt. Es war dies das schönste Erinnerungsdenkmal, das sie ihrem zu früh dahin geschiedenen Gatten setzen konnte, und dies sollte es auch sein, ein Wahrzeichen ihrer über das Grab hinaus dauernden, unendlichen Liebe. Leider gerieth sie später, bei der Herausgabe ihrer eigenen Schriften, in langwierige Schwierigkeiten und Conflikte. Bei ihrer naiven Unkenntniß der gesetzlichen Bestimmungen, bei ihrem raschen, impulsiven Handeln hatte sie mehrfach gegen die Paragraphen der Gewerbeordnung verstoßen. Sie hatte die damals noch giltigen Zunftprivilegien der Berliner Buchhändler durchbrochen, ohne weiteres den Verlag ein und derselben Schrift bald Diesem, bald Jenem übertragen und schließlich selbst unternommen, ohne Rücksicht darauf, ob die Vorgänger ihre Exemplare schon verkauft hatten, und Aehnliches mehr. So gerieth sie in die unliebsamsten Händel, hatte Aergernisse auf Aergernisse, die selbst die Geschicklichkeit ihres geschäftlichen Berathers, des Factors Klein von der Firma Trowitzsch und Sohn, nicht fern halten konnte, zumal ihr juristischer Beistand die Angelegenheit noch mehr verwirrte. Der Magistrat und die Gerichte sahen sich gezwungen, gegen sie einzuschreiten. Da befreite sich die Greisin mit jener brüsken Energie, die ihr immer zu eigen war, plötzlich aus allen Fährlichkeiten, ohne weiteres wurde sie selbst noch Buchhändler und gründete die Firma: v. Arnim's Verlag. Mit dieser Bezeichnung erschien dann auch die Gesammtausgabe ihrer Werke im Jahre 1853.

In der Nacht vom 19. zum 20. Februar 1859 starb sie, nachdem sie vorher schon oft gekränkelt. Tausende hatten sie gekannt, und jeder, der sie gekannt, trauerte, sobald er die Nachricht empfangen. Jeder war sich bewußt, daß hier ein thatenreiches, herrliches Leben geendet hatte. Mit demselben Recht wie ihr großer Freund hätte sie verlangen können, daß auf ihren Leichenstein geschrieben würde:

Diese ist ein Mensch gewesen,
Und das heißt ein Kämpfer sein.

Denn „ein Kämpfer" war sie in des Wortes ganzer Bedeutung. Männliche Energie vereinigte sich in ihr mit weiblicher Klugheit, männlicher Geist und weibliche Liebenswürdigkeit machten sie unwiderstehlich.

Bettinen's Leiche wurde in ihrem Hause neben dem Modell des Goethemonuments aufgebahrt, später ward sie nach dem Arnim'schen Familiengut Wiepersdorf übergeführt. Dort ruht sie unter einer Erdendecke mit dem Manne, den sie so heiß und zärtlich liebte, dem sie mehr als zwanzig Jahre lang eine gehorsame Gattin gewesen und dem sie auch nach seinem Tode unverbrüchlich den Treuschwur gehalten. —